李庆彩 李晨 编著

华文出版社
SINO-CULTURE PRESS

图书在版编目（CIP）数据

戚继光 / 李庆彩，李晨编著. -- 北京：华文出版社，2025. 8. -- ISBN 978-7-5075-6128-9

Ⅰ．K825.2

中国国家版本馆CIP数据核字第2025BT4226号

戚继光

QI JIGUANG

编　　著	李庆彩　李　晨
责任编辑	王　彤
出版发行	华文出版社
	（北京市丰台区右外西路2号院　100069）
电　　话	总编室 010-59900723　发行部 010-59900727
	编辑部 010-59900752
经　　销	新华书店
印　　刷	鸿鹄（唐山）印务有限公司
开　　本	650mm×920mm　1/16
印　　张	16
字　　数	200千字
版　　次	2025年8月第1版
印　　次	2025年8月第1次印刷
标准书号	ISBN 978-7-5075-6128-9
定　　价	85.00元

版权所有，侵权必究

总序

"图文中国文化"系列丛书

中国文化是一个大故事,是中国历史上的大故事,是人类文化史上的大故事。

谁要是从宏观上讲这个大故事,他会讲解中国文化的源远流长,讲解它的古老性和长度;他会讲解中国文化的不断再生性和高度创造性,讲解它的高度、深度和长度;他更会讲解中国文化的多元性和包容性,讲解它的宽度和丰富性。

讲解中国文化大故事的方式多种多样,有中国文化通史,也有分门别类的中国文化史。这一类书很多,想必大家都看到过。

现在呈现给读者的这一大套书,叫作"图文中国文化"系列丛书。这套书的最大特点,是有文有图,图文并茂;既用优美的文字精心讲解中国文化,又用精美的图画直观展现中国文化。两者相得益彰,相映生辉。静心阅览这套书,既是读书,又是欣赏艺术——欣赏来自海内外二百余家图书馆、博物馆和艺术馆的图像和图画。

"图文中国文化"系列丛书广泛涵盖了历史上中国文化的各个方面，共有十六个系列：图文古人生活、图文中华美学、图文古人游记、图文中华史学、图文中华名人、图文诸子百家、图文中华哲学、图文传统智慧、图文国学启蒙、图文古代兵书、图文中华医道、图文中华养生、图文古典小说、图文古典诗赋、图文笔记小品、图文评书传奇，全景式地展示中国文化之意境，中国文化之真境，中国文化之善境，中国文化之美境。

这既是一套讲中国文化的大书，又是一套人人可以轻松阅读的经典。

期待爱好中国文化的读者，能从这套"图文中国文化"系列丛书中获得丰富的知识、深层的智慧和审美的愉悦。

王中江

2023 年 7 月 10 日

前言

明嘉靖七年（1528），山东登州（今山东省烟台市蓬莱区）一个军人家庭，诞生了后来大名鼎鼎的抗倭名将、民族英雄戚继光。同他的抗倭事迹一同流传至今的还有他的兵法、书法和诗句。

嘉靖年间，中国东南沿海地区倭患愈演愈烈。所谓倭寇，是指当时日本封建诸侯组织的一些没落武士、浪人和走私商人，他们为了掠夺财富，到中国沿海地区进行武装抢劫。由于倭寇肆意杀戮，奸淫掳掠，无恶不作，致使农田荒芜，城镇丘墟，生灵涂炭，民不聊生。戚继光出生于将门之家，有感于国难深重，年少的他便立志消灭倭寇，曾以诗明志："封侯非我意，但愿海波平。"嘉靖三十二年（1553），年轻的戚继光进署指挥佥事一职，负责管理登州、文登、即墨三营，在他的防卫下，山东海防巩固，倭寇不敢轻易进犯。

嘉靖三十四年（1555）秋，28岁的戚继光调任浙江，负责防守倭寇出入频繁的宁波、绍兴、台州等地区。戚继光的军事才能在战斗中进一步凸显出来。在发现明军缺乏训练、战斗力低下之后,他果断开始招募义乌新兵并对其进行严格训练。他为军队配备了大量火器,还改进了武器装备,发明了狼筅等适合抗倭的兵器。他强化军事训练,训练出了英勇善战、名闻天下的戚家军。他爱惜士卒,为了减少人员伤亡,最大限度地发挥明军的战斗力,他因地制宜开辟新战法,根据南方地理条件创造了攻守兼备的鸳鸯阵。戚继光用6年时间基本平定了浙江倭患,由于战绩斐然,倭寇谈之色变,百姓皆称赞他为"戚老虎"。大量倭寇逃往福建后,戚继光奉命率部由温州进入福建继续抗倭。在戚家军的有力打击下,福建、广东等地的倭寇被彻底肃清,困扰百姓的倭患由此彻底被解决。

平定倭寇后,戚继光没有停下保家卫国的脚步,而是继续北上抗击蒙古的袭扰。调任蓟镇总兵后,戚继光镇守蓟州、永平、山海关等地,并坚持了整整16年。戚继光在这里修缮长城,建造敌台,训练军队,多次击败了蒙古骑兵。史称:"继光在镇十六年,边备修饬,蓟门宴然。"

作为一名文武兼备的将领,戚继光不仅将自己的实战经验提炼为理论,还写下了多部军事著作。在抗倭战斗中,他将所学与实践融会贯通,写下了《纪效新书》(18卷本),初步总结了自己的军事思想。在抵御蒙古入侵的过程中,他又将练兵时拟定的条款规定汇编成《练兵实纪》,将毕生练兵的经验总结出来。边患平定后,戚继光虽然远离了战场,但他依然将自己的军事思想进行了深入的总结和提炼,最终完成了《纪效新书》(14卷本),为后世留下了宝贵的军事财富。他的建军思想和作战思想,直到今天仍然有着十分重要的参考价值。

除此之外,戚继光还是一位颇有造诣的诗人。在人生的各个不同时期，戚继光用诗句激励自己，鼓舞士气，记录下了珍贵的史实，表达了自己远大的志向。这些诗作不但抒发了戚继光高尚的爱国主义情怀，更注解了中华民族爱国主义精神的丰富内涵。

戚继光为中华民族抵御外敌入侵做出了卓越的贡献。他平息了东南沿海持续近百年的倭患；带领蓟镇人民脱离了战乱之苦，使此地16年不闻兵戈之声。戚继光的勇武之气，已融入整个民族的精神底色，鼓舞了无数中华儿女。每当中华民族面临外敌入侵，戚继光的精神都会再次闪光，激励人们为了国家和人民的安全英勇抗争。

戚继光的事迹和精神，已经通过一代代中华儿女的传颂和传承，成为中华传统文化不可或缺的一部分。在戚继光战斗过的地方，至今仍有很多戚继光祠堂被百姓供奉，无数街道、村庄以戚继光的名字命名，与戚继光有关的美食和传说依然在各地流行。戚继光的雕像耸立在祖国的大江南北，眺望着他曾经奋战过的每一寸土地。在戚继光的故事里，我们既能读到中华民族不屈不挠的抗争历史，更能感受到民族团结、祖国强盛、山河无恙的美好当下。

戚继光的精神，将引领着千千万万的中华儿女，共同以实际行动迎接中华民族的伟大复兴！

目录

第一章　初出茅庐 —— 001
第一节　将门之后 —— 002

第二节　好学少年 —— 012

第三节　履职登州 —— 024

第四节　备倭山东 —— 033

第二章　赴任浙江 —— 039
第一节　倭寇由来 —— 040

第二节　首战遇挫 —— 050

第三节　兵不习战 —— 057

第四节　岑港之战 —— 063

第三章 锻造劲旅 —— 071

第一节 义乌招兵 —— 072
第二节 缔造劲旅 —— 078
第三节 鸳鸯奇阵 —— 089
第四节 戚家神军 —— 097

第四章 平浙入闽 —— 103

第一节 台州大捷 —— 104
第二节 横屿歼敌 —— 113
第三节 奇袭牛田 —— 119
第四节 强攻林墩 —— 127

第五章 转战福建 —— 135

第一节 兴化陷落 —— 136
第二节 大战平海 —— 142
第三节 仙游解围 —— 150
第四节 歼灭吴平 —— 156

第六章　保卫北疆 —— 165

第一节　北境狼烟 —— 166
第二节　赴任蓟州 —— 173
第三节　再造劲旅 —— 179
第四节　整饬边防 —— 190

第七章　北疆和平 —— 197

第一节　隆庆和议 —— 198
第二节　屡败强敌 —— 204
第三节　蓟门宴然 —— 210
第四节　荡平辽东 —— 217

第八章　将星陨落 —— 227

第一节　黯然落幕 —— 228
第二节　万古流芳 —— 235

参考文献 —— 242

第一章

初出茅庐

第一节　将门之后

嘉靖七年（1528），山东济宁鲁桥镇的天气不同往常，闰十月里依然阴雨连绵，一连数日都不见晴天。虽说秋雨连绵，但这里毕竟不是江南，这个季节下这么长时间的雨还是不多见的。然而，初一（1528年11月12日）这天夜里，雨逐渐变小了。

等到半夜时分，雨完全停了，小镇却被一声婴儿的啼哭打破了夜晚的宁静，被吵醒的邻居们知道，隔壁戚家的孩子出生了。

孩子的父亲名叫戚景通，在听到孩子的哭声后，他迫切地想要知道是男孩还是女孩。此时，接生婆跑出来对他说："大人，恭喜恭喜，是个男孩！"

听到生了儿子，戚景通高兴得老泪纵横：自己已经57岁了，终于有儿子了！

在中国传统的家庭观念中，不孝有三，无后为大。戚景通在50多岁的高龄终于有了一个儿子，这怎能不让他欣喜若狂？不过，让他高兴的不仅仅是老来得子，更重要的是家族世袭的军职终于有人继承了，戚家几代人的荣耀也可以延续下去了，甚至有望在这个刚出生的儿子身上得到发扬。戚景通迎接的不仅是一个崭新的生命，更是整个家族的希望。

戚家的先祖名叫戚祥，生活在元末明初时期。戚祥原本是河南人，因元朝末年天灾不断，流落到了今安徽定远一带。元朝至正十三年（1353），农民起义军红巾军的一支部队在定远招兵买马，戚祥就参加了红巾军。随后,他随朱元璋征战四方。洪武十四年(1381),他在随征南将军傅友德远征云南时英勇牺牲。为了纪念这位功臣,朱元璋封戚祥之子戚斌为明威将军,并赐予世袭登州卫指挥佥事的职位。由此,戚家后人过上了稳定的生活。或许是时势造英雄,随着和平的到来,戚家的后代再也没有了建功立业的机会,直到戚景通这一辈,戚家后代在官场上的成就都很有限,没有人能够超过戚祥获得更显赫的官职。

明朝的"明威将军",严格来说不是职官,而是散官。散官是一种表示官员等级的象征性称号,有官名而无实际职务,相对的,职事官才算是实际职务,指挥佥事就是一种有具体职务的职事官。明代的军事制度由上至下依次为中央设置五军都督府统辖军事,各省则设都指挥使司,再由都指挥使司管辖若干个卫,每个卫下辖一定数量的千户所和百户所,这便是卫所制。

到了戚斌这一代,戚氏家族已迁徙到渤海边的登州,也就是现在的山东省烟台市和威海市的部分地区,当时被称之为登州卫。经过几代的繁衍,戚景通承袭登州卫指挥佥事这一职务,承担起了光耀戚氏之责。正德十五年(1520),戚景通晋升为江南漕运把总(正七品),离开滨海的登州,来到大运河畔的济宁。他在这里一干就是十几年。在这十几年里,戚景通为官清廉,为人宽和,在当地的口碑很好。正是在江南漕

大运河畔的济宁州(局部)
选自《大运河地图》
〔清〕佚名　收藏于美国弗利尔美术馆

运把总任内,戚景通在晚年时迎来了儿子的诞生。

为什么戚景通要给这个孩子取名戚继光呢?根据《戚少保年谱耆编》的记载:"日华五色,大父因以命名焉。"也就是说,在孩子出生后,雨后初晴,朝阳初上,一片光明的景象。看到窗外这一美丽的景象,戚景通给孩子取名"继光"。透过被历史风干的文字,我们仍能感受到戚景通对儿子的期待。在他的悉心培养下,这个名字里承载"日华五色"的孩子最终不负众望,将戚氏一门的荣耀发扬了下去,并使它在中华大地上闪耀了数百年。

《寒江草阁图》
〔明〕赵左　收藏于台北故宫博物院

从近景中我们能看到,画家以湿润的笔触点染出树叶,而远处烟岚下的群山层次井然,描绘了一个雨后初晴的画面。文中提到了戚继光名字的由来,"雨后初晴,朝阳初上,一片光明的景象",从中我们也能看到一位父亲对孩子的殷殷期盼。

戚继光没有像他的祖辈一样，只满足于继承得来的官职。正如他的名字一样，他被培养成了一名真正的英雄——他用自己的军事才能保卫了祖国的边疆，同时也留下了灿烂的诗句，让后人能够感受到他的情感与情怀。他还被培养成了一名非凡的军事家——他卓越的军事改革措施影响了整个大明王朝与外部世界的关系。

戚景通当然不知道戚继光后来的成就，但仅仅因为有人能承载他的期望，他的心里便乐开了花。但是，在千里之外的北京，当时的嘉靖帝却心情沉重。"天子"这个身份给他带来了无上的权力，也给他带来了无尽的压力，因为当时大明朝的局势远远没有戚继光的名字这么光明美好。

到嘉靖七年（1528），大明朝开国已经160年了。这个曾经强盛无比的王朝现在步入中年，疲态尽显，各种问题不断发生，且愈演愈烈。

首先是水灾、旱灾、蝗灾等自然灾害不断。嘉靖五年（1526），山西、四川、湖广、浙江受灾；嘉靖六年（1527），广西、湖广、江西、河南、山西受灾；嘉靖七年（1528），河南、浙江受灾。连续不断的自然灾害使受灾地区饿殍遍地，税收大减，国家也不得不花费大量的钱粮来赈灾，国家财政开始入不敷出。

其次，明朝当时不仅面临内忧，而且还遭受严重的外患，这就是"北虏南倭"。

自明朝驱逐元朝统治者至蒙古草原之后，存留的北元势力仍旧掌握着众多兵力，对大明北部边界的安宁造成了严重威胁。因此，明朝政府在北方边境建立了辽东、宣府、大同、延绥、宁夏、甘肃、蓟州、太原、固原9个军事要塞，以保卫边疆安全，这些要塞合称为"九边"。在明朝早期，大明对蒙古的军事行动较为积极，导致北元政权在明军的攻击下瓦解为鞑靼、瓦剌、兀良哈三大势力。自永乐后，明蒙关系发生

《明世宗坐像》
〔明〕佚名　收藏于台北故宫博物院

"嘉靖"是明朝第十一位皇帝明世宗朱厚熜的年号。明世宗朱厚熜（1507—1567），号尧斋、雷轩、天池钓叟，为明朝实际掌权时间最长的一位皇帝。

了变化，明朝渐渐变得被动，蒙古则强势起来。在强大武力的支持下，好战的蒙古贵族对中原地区的财富垂涎不已，频繁南下进行掠夺，但偶尔也会与大明通贡互市。然而，"土木堡之变"后，明朝更加排斥与蒙古的贸易，双方摩擦渐多，北部边境战火不断。

到嘉靖年间，尽管双方关系有所缓和，但战争仍然频发。嘉靖六年（1527）二月，蒙古小王子进犯宣府，参将王经战死；三月，小王子再犯宣府，参将关山战死；八月，小王子三度进犯，被明军击退；嘉靖七年（1528）十二月，小王子又犯大同，指挥赵源战死。两年内入侵4次，蒙古小王子几乎想来就来，想走就走。

所谓"倭寇"，一般是指日本海盗。自元朝起，中国沿海地区及朝鲜半岛就不时遭受倭寇的侵扰。作为一个岛国，日本具有鲜明的海洋文明特征，其可供人们生活的空间与资源有限，人与人之间要恪守严格的界限才能维持脆弱的平衡。在内部安定时，日本有着强烈的对外贸易需求，因此他们习惯性地将目光投向广阔的大海，渴望大海之外的广阔世界能带来更多的生存空间和资源。然而，明朝时期的日本正处在内部平衡被打破的战国时代，狭小的国土上战乱不断。于是，大量的海盗、商人、武士开始有组织地对中国、朝鲜进行走私、抢劫，这便是困扰大明多年的"倭患"。中国的山东、江苏、浙江、福建、广东等沿海地区都深受其害。

而这一时期大明的兵制已经不能适应当时的对外关系，迫切需要进行一场改革。嘉靖时期，兵制发生了巨大的变化，为了满足对抗外敌的长期战争需求，已经从明太祖建立的寓兵于农的"卫所制"，发展成了"募兵制"。戚氏家族历代承袭军职，对这种变化深有理解，这也成为戚继光治军思想的重要积累，使他能够在历史舞台上大放异彩。

内忧外患，灾害频繁，嘉靖帝和大明王朝看起来都过得无比艰难。

《倭寇图》卷
〔明〕仇英　收藏于日本东京大学史料编纂所

《倭寇图》卷是明代倭寇犯长江,明朝官兵们抗倭的历史画卷。画面从右侧展开,首先描绘了倭寇船队出现、登岸、观望形势,随即烧杀抢夺,百姓们四处逃难,流离失所。其次,画面的中间部分,展现的是明军和倭寇交战的情景,倭寇遭到重击,有的落水逃跑,有的中箭倒下,明军则英勇杀敌,气势如虹。最后,画面的尾声描绘的是整装出发的明军,预示着抗倭斗争的继续。

第一章 初出茅庐

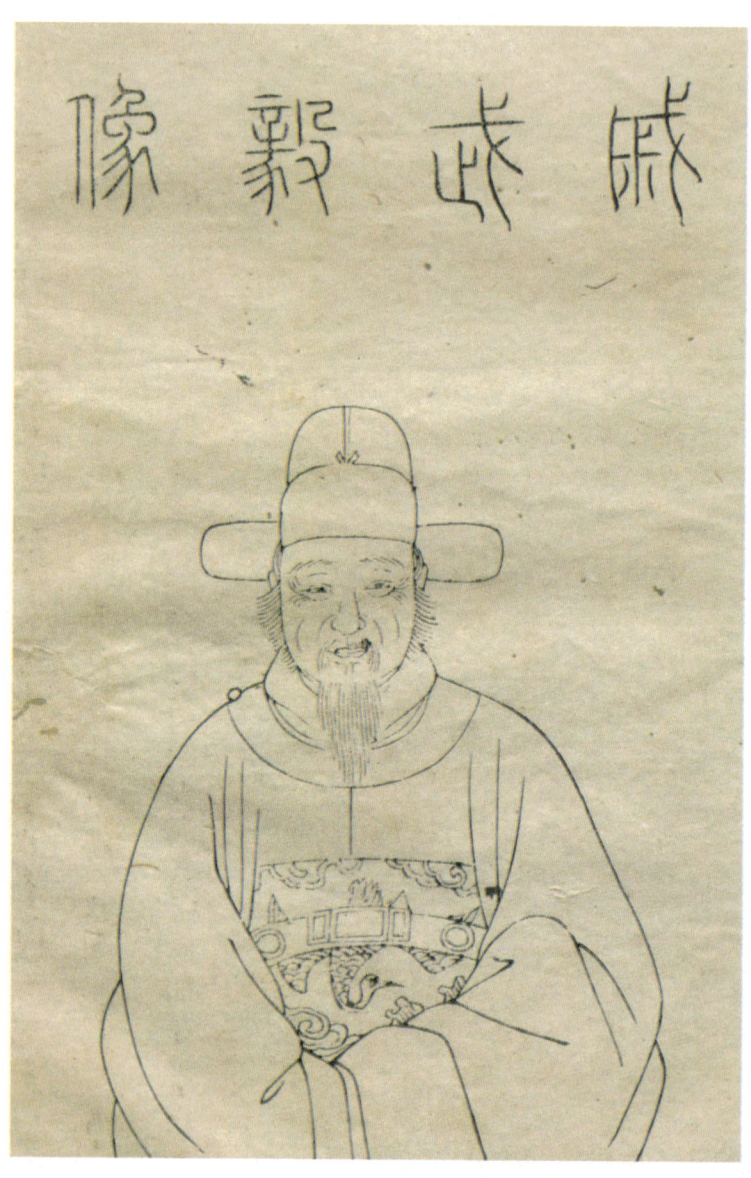

戚继光
选自《古圣贤像传略》清刊本 〔清〕顾沅/辑录 〔清〕孔莲卿/绘

但这种艰难既是当时正在剧烈变动的世界的缩影,也是一个王朝经历160年的发展与积累必然要面临的挑战。但我们不得不说,正是这样的艰难局面,给了戚继光一个灿烂的舞台,也成就了中国历史上一位熠熠生辉的英雄。

500年后的我们再度回望历史,不禁为嘉靖帝感到庆幸,也为那个动荡的大明王朝感到庆幸。因为此时刚刚降生的戚继光,将在未来的几十年里成为大明王朝的擎天巨擘。因为他的存在,大明数次脱离危机,他征战沙场让大明海晏河清,边境安宁。属于大明的故事,或许显得惊险丛生;但属于他的传奇,才刚刚开始……

第二节　好学少年

嘉靖十三年（1534）二月，7岁的戚继光开始了求学生涯，他将在政府专门为军官子弟设立的卫所学校里度过自己的童年时光。只有在这里学习后，戚继光才能取得参加武举考试的资格，并最终通过武举考试走上仕途。

虽然有明确的方向，但这并不是一条轻松的路。

对于大明的每一位武将来说，这条路并不为人所敬重。明初建立的武官世袭制使得大明的武官、军人有了稳定的人员来源。但随着时间推移，这种世袭制度的弊端逐渐显现出来。

首先，军官子弟们不必努力也有稳定的收益，正所谓"生于忧患，死于安乐"，在和平年代，这种寓兵于民的卫所制度使得绝大多数军户、军官子弟更接近于民。军户的世袭制度确实造就了大量的"职业军人"，然而，由于缺少战争实践，又没有淘汰制度的激励，很多军人满足于现有的待遇，更深谙职场"潜规则"。他们不参加战斗，也不学习军事理论，再加上很多世袭军职的军官子弟耽于安乐、游手好闲，他们的战斗力可想而知。

其次，重文轻武的社会风气逐渐形成。大明的兵制在绝大部分时间里没有改变，这就使得军队的人员构成长时间没有大的变化。虽然明朝规定，只有建立军功的人才能取得爵位，文臣即使成就再高也不能封侯赐爵；但实际情况是，整个大明王朝也仅有三次集中分封爵位。明朝中后期，武将的爵位都被并无军功的官宦子弟把持着，明代初期"文官难封"的局面逐渐转变成"武将难封"。在官吏待遇普遍低下的大明，所谓的"侯爵"也只是政治待遇更加显著，实际收益并不可观。加之世袭的武官能力不足者居多，很多半路出家的文官在军事上反而显得比世袭的武将更有能力。这导致上至朝廷任职的武将，下至普通军户人家，都给人以"山野莽夫"的刻板印象。明朝中后期，不少军官子弟也纷纷弃武从文，干脆只读经史，参加文科科举考试谋取出路。最终，在这样的兵制下，大明军队的战斗力大受影响。

对于戚继光而言，这条路更显得艰辛备至。

自求学的第一天起，戚继光就比别人更加努力。在武学里，学生们每天要读书，必读的书目有《小学》《论语》《孟子》《大学》等儒学经典，以及《武经七书》《百将传》等军事著作。此外，教材还可能会有《历代臣鉴》及古今名臣嘉言善行等。学习这些内容，是为了让学生具备必要的文化修养和军事谋略。此外，武学生还要练习写字，演习弓马，因为明代武举要考的重要内容就是策略和弓马。在同龄孩子只想偷懒的年纪，戚继光刻苦练习武艺、骑马、射箭、身法，一天也没有偷懒。

虽然在戚继光出生时，戚景通已经升任江南漕运把总之职，但戚家过得十分清贫。有一天，戚继光一家人坐在一起闲聊。戚继光的母亲想起家境艰难，便有些担心戚继光的未来，于是对戚景通说："咱们家里一直都这么清贫，根本没留下什么钱，将来孩子可怎么办啊？"听到妻子的话，戚景通指着正在认真读书的戚继光说："他现在手里拿着的就是这个世界上最值钱的财富。"

戚景通十分注重戚继光的品德教育。在戚继光12岁那年，他收到了一双丝质鞋子。这双鞋子实在太过精美，令戚继光爱不释手，于是，戚继光穿着它到处奔跑。然而，对于这件小事，戚景通却不肯轻易放

《论语》(节选)
选自《开成石经》 [唐] 佚名 清拓片

《论语》是记载孔子及其弟子言行的书籍,由孔子的弟子及再传弟子所编撰,是孔门弟子们智慧的结晶。此书涉猎极其广泛,包罗万象,包括哲学、政治、经济、教育、文艺等内容。

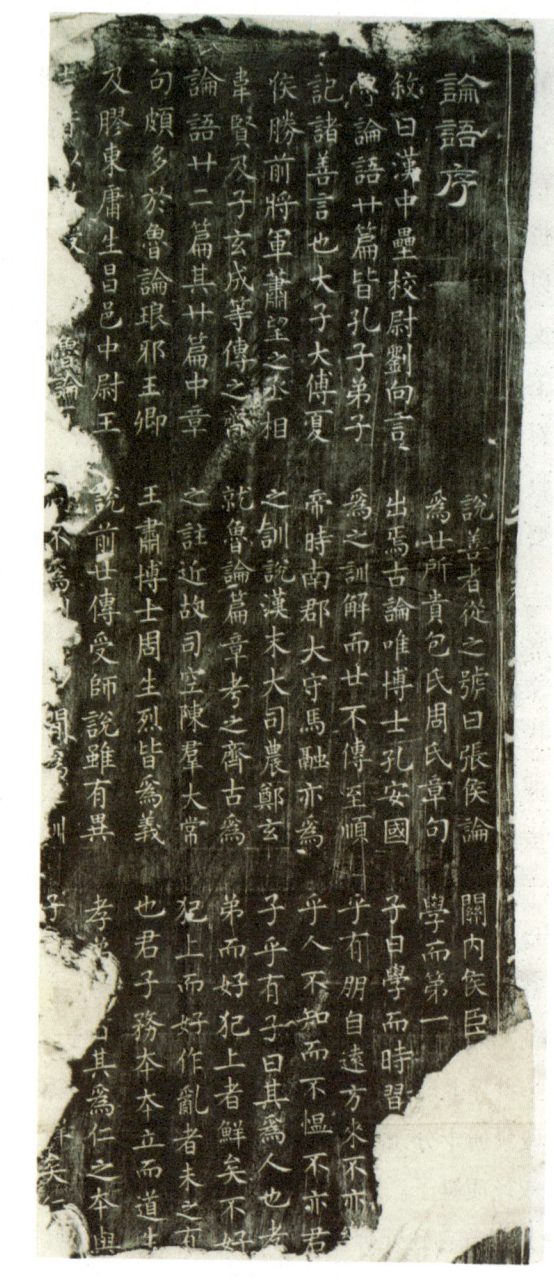

《孟子》（节选）
选自《开成石经》〔唐〕佚名　清拓片

《孟子》是记载孟子及其弟子言行的书籍。孟子继承并发展了孔子的思想学说，被誉为仅次于孔子的"亚圣"，并且和孔子并称为"孔孟"。其思想学说为唐宋以后的中国带来了深远的影响。

《大学》册（节选）
〔清〕刘墉 收藏于台北故宫博物院

《大学》是《礼记》中的一篇，据说是孔子的弟子曾子所写。唐代的韩愈和李翱为了维护儒家正统，高度推崇《大学》和《中庸》。北宋时期，程颢和程颐广泛推广《大学》，并称《《大学》，孔氏之遗书，而初学入德之门也》。南宋的朱熹沿袭此思想，将《大学》独立出来，与《论语》《孟子》和《中庸》并列，成为《四书》。

大學之道在明明德在親民在止於至善知止而后有定定而后能靜靜而后能安安而后能慮慮而后能得物有本末事有終始知所先後則近道矣古之欲明明德於天下者先治其國欲治其國者先齊其家欲齊其家者先修其身欲修其身者先正其心欲正其心者先誠其意欲誠其意者先致其知致知在格物物格而后知至知至而后意誠意誠而后心正心正而后

身修而后家齊家齊而后國治國治而后天下平自天子以至於庶人壹是皆以修身為本其本亂而末治者否矣其所厚者薄而其所薄者厚未之有也此謂知本此謂知之至也所謂誠其意者毋自欺也如惡惡臭如好好色此之謂自謙故君子必慎其獨也小人閒居為不善無所不至見君子而后厭然揜其不善而著其善人之視己如見其肺肝然則何益矣此謂誠於中形於外故君子

《武经七书》（节选）
〔北宋〕佚名　明嘉靖时期刊本

《武经七书》是我国古代的第一部军事教科书集，由北宋朝廷作为官书所颁行。此书汇编了《孙子兵法》《吴子兵法》《六韬》《司马兵法》《三略》《尉缭子》《李卫公问对》等七部兵书，是当时武学的必读书目。它详细描述了一系列的军事策略和战术准则，集结了古代中国人对于战争的深刻理解。无论是从军事理论的角度，还是从战争的实际操作来看，它对后世及全世界都产生了深刻的影响。

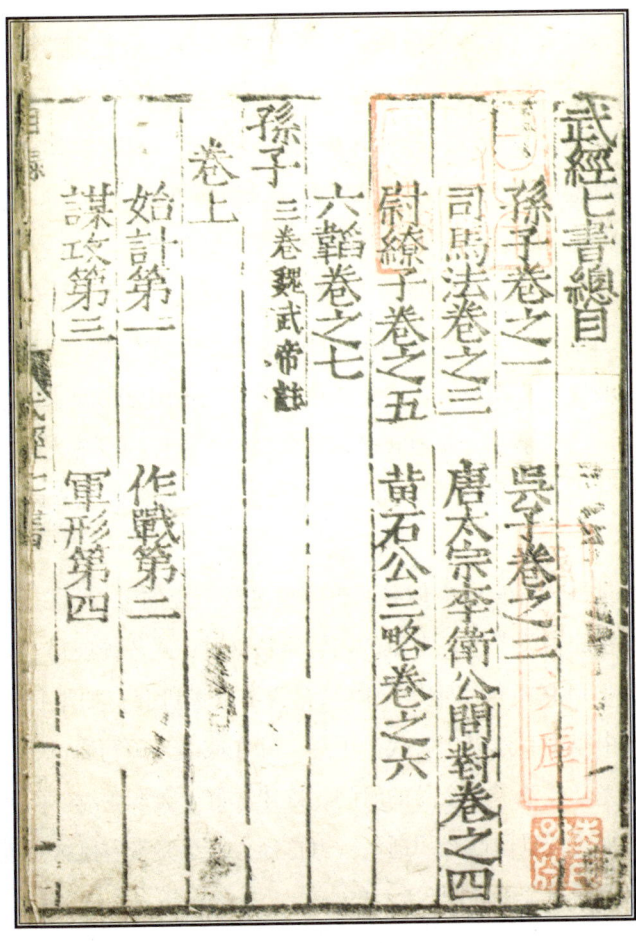

过。他叫住了兴奋奔跑的戚继光，并严厉地训斥道："你生活无忧，理应知足。现在年纪轻轻就沉迷于奢侈，将来如何是好？难道你还想追求荣华富贵吗？你将来注定要成为军官，如果从小不严格要求自己，小错会演变成大错，最终若是侵占士兵的粮饷，后果将不堪设想。"戚继光听后十分惭愧，作为武将之后，他也十分了解父亲的苦心，便立即脱下了丝鞋，换上了自己的布鞋。

戚景通晚年辞官之后，戚家的家境一年不如一年。看到戚家日渐衰落，有些人就在背后冷嘲热讽："当了一辈子官，到老竟然没什么钱财留给后人，这官当得有什么意思呢？真是愚不可及。"戚景通在听说了这些闲言碎语之后，就问戚继光："我作为父亲，没有给你留下什么钱财，你会埋怨我吗？"对此，戚继光诚恳地回答道："父亲，您传给我那么多的知识和武艺，并谆谆教导我做一个正直的人，这些是用任何钱财都买不到的。孩儿自当牢记父亲教诲，永远也不会为此感到遗憾。"

嘉靖二十三年（1544），病中的戚景通虽满是不舍，却还是催促儿子前往京城办理袭职事宜。毕竟，这是戚家先祖用生命换来的荣耀，他一生安守清贫，小心翼翼地守护，如今终于可以传到戚继光手上了。带着卖掉房子筹集来的路费，带着父亲殷切的期望，戚继光踏上了北上之路。

虽然是世袭的官职，但袭职也需要进行一定的考核。在北京期间，戚继光要参加相关考试，考试的内容涉及骑射、武艺等项目。如果考试不合格，他可在两年后重考，但只有两次重考机会；如果仍未能通过考试，将由家中其他男丁替代。不过，好在戚继光顺利通过了考试。此后，戚继光又耗费了4个月的时间，终于办好了袭职手续。等到戚继光从北京回来，戚景通已经病逝了。就这样，戚继光带着巨大的遗憾，承袭了登州卫指挥佥事一职。

袭职只是戚继光仕途之路的起点,要走上武举之路,求得功名,戚继光还需要继续学习。父亲离世后,少年戚继光主要跟随私塾老师梁玠学习。经过数年的用功苦读,戚继光博通经史,加上他对应试的科举之学也下过功夫,在蓬莱当地颇有名气。继承了指挥佥事之职以后,他就拥有官员的身份了。根据制度,官员出门应该乘坐轿子,带着随从。但戚继光家贫无余财,无力支付这些费用,而步行去求学又有失身份。梁先生理解戚继光的苦衷,就对他说:"公子是世代做官的人家,你尽管已经入仕了,但没有荒废学问,还来跟我学习,看在你有心向学的份上,我就成全了你的志向吧。"于是,他亲自上门来教授戚继光。

老师要登门授课,戚继光自是十分重视,特地准备了酒菜。然而,梁先生却说:"你父亲一生清白,没有给你留下钱财,你如何办得起这些酒席?"于是,他让戚继光把酒席撤了。戚继光对梁先生的品格也愈加钦佩,因此更加用功学习,每天端坐书斋,早晚勤读不倦。他曾说,自己识得的每一个字都是梁先生教的。

正如戚继光所说,父亲给他留下的财富一直伴随他终生。嘉靖二十六年(1547),20岁的戚继光一天因工作劳累不小心睡着了,在梦里,他见到了严厉的老父亲。尽管当时距离戚景通去世已经有3年时间,但在儿子的梦里,戚景通严厉诘问儿子,向他提出了严格的学习要求。戚继光在对自己懒惰的懊悔中突然惊醒,继续投入繁重而枯燥的学习和工作中。在戚景通的影响下,戚继光从小就树立了远大的抱负,更是将爱国爱民的思想融入自己的血脉当中。这在他19岁时便写下的那句诗中被体现得淋漓尽致——"封侯非我意,但愿海波平"。

功夫不负有心人。嘉靖二十八年(1549)十月,22岁的戚继光通过了山东武举乡试,从此大踏步地走上了大明的政治舞台。

戚继光参加的是三年一次的武举乡试。明朝的《武举法》对武举乡试做了详细的规定，乡试通常由各个卫所主办，卫所长官主持考试，考试分为两个部分，即策略考试和弓马考试。考试的内容是固定的，也就是骑射、步射、策论三个部分，即骑马射箭、徒步射箭和根据兵法阐述当下某个军事要务。这就要求应试者不但要有强健的体魄，还要具备一定的军事理论素养。对成绩的考量也有十分明确的标准，而根据考试成绩的差异，应试者会获得不同的官职和待遇。比如，若在考试中"答策二问、骑中四矢、步中二矢"，则可以被授予"中式官"，每月俸禄为三石米；若成绩在此标准之下，授予的官职便会更低，取得的待遇也会相应减少。通过考试的合格者都会被送往京城军营总管队担任要职，并听候调遣。

近500年前，农历十月的山东大地上秋草枯黄，校场之上，黄沙烈烈，一群英武的少年等待着将命运之矢射向前途命运的靶心。十年磨一剑，他们有的神情紧张，有的目光坚毅，有的已经开始畅想美好的未来。在这群人中，戚继光显得无比从容。无论如何，他已经做好了准备，跟随手中的箭，一往无前，去成就熠熠生辉的丰功伟绩。

《射雉图》
〔明〕周全　收藏于台北故宫博物院

画中一人骑在马上，正在接身后人递来的箭矢，应该是准备射箭。此画描绘的是明宣宗朱瞻基。明朝时期，武举制度逐渐兴盛，虽然其创制较早但制度尚未完善。直到成化十四年（1478），汪直建议武举以文科为例，设立武科乡、会试。弘治六年（1493）时，武科还是六年一试，考生需通过策略后才能试弓马，"策不中者不准试弓马"。而文中戚继光参加的是后来的三年一试，考试内容同样还是弓马和策略。

校场
《清明上河图》（局部）〔明〕仇英　收藏于美国大都会艺术博物馆

此《清明上河图》为明代仇英所绘，其景物布局是以北宋时期张择端的《清明上河图》为模版，画面中的建筑和文娱活动生动地展现了明朝中期苏州的繁荣景象。而选取部分描绘的是校场骑射练武的场面，从中我们能窥探到明朝时，戚继光等少年们同样在校场上，将希望寄托于手中的箭矢，期待它将自己的命运射向光明灿烂的靶心。

第一章 初出茅庐

第三节　履职登州

在承袭了家中的军职后,戚继光并没有立刻走向战场,他的主要工作是管理屯田事宜——抓后勤保障。这是听起来简单,但做起来颇有难度的工作。这份差事不但考验他的工作能力,更考验他的品格操守。

明朝初年建立的军屯制度曾一度发挥了积极的作用,为大明解决了军队的供养问题。在军屯制度下,军人被分为两部分,一部分作战,另一部分屯田。这不但满足了军队自身的粮食需求,供养了更多的军人,还一度起到充分开垦土地的作用。即使在某些土地贫瘠、粮食产出不足的地区,驻守部队也能通过与商人交换国家专卖的食盐来获取粮食产品,这样的制度叫作"开中制"。在明朝前期,这样的制度满足了军队日常开支的基本需要,朝廷只需要在有军事行动时拨付军饷,几乎不需要为养军队动用额外的财政支出。

但随着时间推移,军屯制度逐渐显现出弊端,也遭受了破坏。由于军户的世袭制度,世袭身份的不仅是戚继光这样的军官,还有普通的军人,他们一旦服役,则终身都要履行军人职责,直至丧失劳动能力被自己家里的其他男丁代替——不管是参战还是屯田,非壮年的军人都难以满足军队要求。此外,为了满足养兵需要,军户纳粮比例远远高出农户,本来他们就没有土地所有权,还要比农户上交更多的粮食,这也造成军人的屯田积极性不高。普通的军户还要受到"百户""千户"等不同级军官的层层盘剥,这久而久之造成了军户的社会地位低下,适龄女子都不愿意嫁入军户人家，大量军户男丁直到三四十岁都难以婚配。

屯田制下的世袭军人苦不堪言，大量军户纷纷想方设法脱离户籍或者干脆逃亡，原本肥沃的土地开始荒芜。为了转运军粮、马匹而设立的开中制也变成了特权商人、官僚、太监等群体的发财通道，失去了本来的功能，变相加重了军户负担，朝廷只得采用募兵制来提升军队的战斗力，也因此面临严峻的财政问题。

戚继光所在的登州卫也面临着这样的情况，军户大量逃亡。戚继光的日常就是管理从事繁重劳动生产的军户，尽量保证他们上交足够的粮食。在他人看来，戚继光的差事是不折不扣的肥缺，他管理的每一项工作都有捞好处的空间，但戚继光只顾尽心竭力地整治登州卫军屯事宜。鉴于他工作成效显著，他的上级在向上举荐人才时，也对他不吝溢美之词。

虽然年轻的戚继光兢兢业业地守着登州卫，但大明的整个边境仍然被笼罩在空前的压力之下。北方的广阔草原上，蒙古人正以复杂的眼神望着南方。这种眼神里夹杂着对这片富饶沃土的无限留恋——因为他们的祖先也曾在这里建立了统一的王朝，也有着热忱的渴望——草原文明的经济类型是以草原畜牧业为主的单一经济，与高度发达的农耕文明相比，显得过于粗犷，也因此，他们有着无比强烈的融合向往。

嘉靖二十九年（1550）八月，蒙古鞑靼部的首领俺答率领军队南下攻打大明。大同的位置十分重要，如被攻破，则北京危矣。但当时，身为大同总兵的仇鸾惶恐无措，为了平息这次风波，他竟妄想贿赂敌人。他派人给蒙古军队送去重金。蒙古军队收到重金后却并未退兵，反而转攻古北口，直逼北京。值此危急时刻，大明朝廷仍然没有做出正确判断。大学士严嵩坚持认为俺答进犯的目的是迫使明朝允许通贡，并不会真的攻打京师重地。为此，他竟然授意兵部尚书丁汝夔放任对方抢掠。

严嵩像
选自《中国历代名人画像谱》〔清〕佚名

严嵩的判断并不全然错误,因为蒙古人确实一直希望通过军事打击迫使明朝与之展开正常的互市贸易,但在战场之上如入无人之境的态势助长了蒙古军的气焰。于是,蒙古军队一路大肆抢掠,同时不断逼迫明朝开展贸易。最终,明朝在付出了惨痛的代价后,与之达成了共识——若蒙古撤兵至长城以外,则双方开启会谈。至此,俺答汗才解除了对北京的围困。嘉靖三十年(1551),明蒙双方于山西大同开设马市,开始互市贸易,这一事件史称"庚戌之变"。

正是从庚戌之变开始,戚继光逐步走入了朝廷的视野。当时,戚继光正在参加武举会试,由于情势危急,进京应试的青年将士们参加了守卫京城的战斗。在此次实战中,戚继光的军事才能得以凸显,他不但出色完成了军事任务,还提出十几条切实可行的御敌策略,这些策略被他整理成《备俺答策》上报朝廷。虽然这些策略最终没有被朝廷采纳,但戚继光展现出来的军事素养仍然受到了兵部的重视和肯定。

庚戌之变后,嘉靖帝加强了北京城的防御,调动周边地方部队守卫京城。因此,戚继光多次奉命戍守蓟门——拱卫北京的军事重镇。在此期间,戚继光的表现十分出色,受到了上级的认可。山东指挥使刘瑶认为,他年纪轻轻就文武双全,不但擅长骑射,还文采斐然,称赞戚继光有他父亲的风范;兵部主事计士元则认为他颇有儒将风范;山东巡抚王绩则称赞他谋略远胜他人。这些都被写到了奏章当中,让年轻的戚继光倍感荣光。

作为一个满腔热情的青年将领,戚继光因这份光荣的职责而颇为振奋,写下了这首《马上作》:

> 南北驱驰报主情,江花边月笑平生。
> 一年三百六十日,多是横戈马上行。

在他心中，虽然戍守蓟门奔波劳苦，却是他作为军人报效国家的途径。嘉靖三十二年（1553）六月，在戍守蓟门过程中崭露头角的戚继光得到了提拔，升任署都指挥佥事，总督山东备倭。从这时起，戚继光开始了自己的抗倭之路。

戚继光开始管辖登州营、文登营、即墨营三营（今山东省烟台市、威海市、青岛市沿海一带）所属二十五卫所的防倭事宜。

三营之中，以登州营最为重要。登州三面临海，因为优越的地理位置，明代以前一直是富庶的港口。隋唐时期，中国与海外交往频繁，日本、朝鲜等国派遣的遣唐使、留学生数量众多，他们中多数都选择从登州港登陆。元代时，登州一度成为海运的中心。据《元史》记载，元代先后使用的三条南北海运航线，都要途经山东半岛最东端的刘公岛（今山东省威海市环翠区威海湾湾口）、芝罘（今山东省烟台市芝罘区北）及登州的沙门诸岛。当时，登州等口岸也逐渐发展成为海运船队最可靠的中转站，吸引着无数追逐财富的巨商富贾。到了明代，登州已经不复往日的辉煌。由于明朝的海禁政策，海滨港口城镇的商贸受到严重影响，特别是山东各港口，它们比起南方沿海地区更显凋敝。嘉靖年间，《山东通志》曾记载这里的情况，称这里由于自然条件和民风的原因，商路阻塞，贸易不通。不过也正是因为如此，倭寇对山东的骚扰没有江浙一带多。

文登营地理位置优越。在经济上，自隋唐以来，这里就有着重要的地位，并逐渐发展成为山东半岛与外界进行政治和经济互动的关键门户。在军事领域，文登本身属于易守难攻之地，极为适宜军事防御，四周山体环绕，形成天然的屏障，使得这里难以攻克。宣德二年（1427），明朝廷在文登设立了文登营，以支援沿海的卫所。文登营成立后，管辖成山卫、靖海卫、威海卫和宁海卫等多个卫所，保卫着整个

山东半岛各卫所
选自《筹海图编》明刊本 〔明〕郑若曾

半岛东部的安全。由于文登与山东半岛的南部、北部及东部沿海地区距离较近，一旦沿海发生军事冲突，文登营便能够迅速提供支援。因此，文登营成为中国东部地区海运和海防的关键所在。此外，文登营与辽东半岛的旅顺口共同扼守渤海海峡，它也被誉为"齐东重镇"和"东方名藩"。

即墨营的建立可追溯至永乐二年（1404），它负责管理包括安东卫、灵山卫、鳌山卫和大嵩卫在内的4个卫所，以及石臼、夏河、胶州、浮山、雄崖和海阳6个千户所。即墨营位于管辖区域的核心地带，地理位置十分有利，与西南方向的安东卫相隔大约200千米，与东北方向的文登营也相隔大约200千米，非常便于进行军事指挥。最初，即墨营并未建有城池。正德九年（1514），把总张文博主持建造了砖石结构的即墨营城。这座城池周长达到2000米，设有三座城门，城墙和护城河都十分坚固完善，给人以"巍峨如山，坚如磐石"的印象，其城池之完备，甚至堪比郡县。

尽管经济凋敝，倭寇却并没有放过这里，因为相较于其他沿海地区，山东离京城更近。明朝历代皇帝都十分看重登州卫的军事防御功能，所以山东备倭的局势依旧严峻。洪武九年（1376），登州的行政等级得到提升，从县级升格为府级。此后，明朝政府投入大量资源，对登州现有的海防设施进行了大规模的改造和升级。在刀鱼寨的基础上，新设立了备倭都司府，作为管理海防的官方机构。同时，政府还加强了登州港周边战略要地的建设，不仅强化了原有的设施，还新建了水寨，增设了碉堡和炮台，并部署了卫所驻军，从而形成了一套完整的军事防御体系。这些措施使得登州港逐渐成为中国北方最大的军港，被誉为"水城"。水城的周长大约为2000米，城内面积约为27万平方米（相当于近40个现代标准足球场的面积），城墙平均高度达到7米，顶部宽度为

登州卫
选自《筹海图编》明刊本 〔明〕郑若曾

8米。

登州府下辖文登县,戚继光在这里实地考察时,写下了《过文登营》一诗:

> 冉冉双幡度海涯,晓烟低护野人家。
> 谁将春色来残堞,独有天风送短笳。
> 水落尚存秦代石,潮来不见汉时槎。
> 遥知百国微茫外,未敢忘危负岁华。

我们能够想象,看到宏伟的文登军港,25岁的戚继光再一次想起了自己的使命。看着眼前残破的秦石汉槎,这位意气风发的青年将领也难掩沧桑之感。或许再强大的王朝在历史的大潮面前都难以抵挡兴衰更替的命运。但倭寇的威胁在茫茫大海上还没有扫除,他又想起了从先祖开始就扛在肩头的保家卫国的责任,在他雄姿英发的年纪里,怎能不保卫国家呢?

第四节　备倭山东

戚继光在山东备倭的时间并不长,只有两年多,但他从未停止对管辖地区的实地勘察——西北到今日黄河河口一带,南到今山东江苏交界地区,他走遍了山东半岛海岸线,全面掌握了海防设施的设置情况。

根据实际需要,戚继光对军事设施进行了维修、补充,沿山东半岛海岸30里设一铺(驿站),10里设一墩(烽火台),只要沿海一处遇袭,信息便可以很快传遍全岛。可以说,戚继光筑起了一道坚固的海上长城。在此后的抗倭生涯中,戚继光也一直重视工事修筑。在抗倭期间,为了满足屯兵和抗倭的需要,戚继光参与或主持整修了一大批军事设施,除了山东登州备倭城及登州各卫所的城堡和烽火台,还有浙江慈溪龙山所城、浙江慈溪观海卫烽火台、浙江宁波威远城、浙江台州海门卫城、浙江临海桃渚城、浙江三门健跳所城、浙江苍南金乡卫城、福建东山岛铜山城及福建惠安崇武城等。

然而,不管是什么时代的战争,装备与设施都不是最重要的,决定战争成败的最重要的因素始终在于人。

戚继光上任后,发现很多卫所官员在配备上已经出现了严重的问题。有些卫指挥使等官员已经亡故,却没有及时补充;有些官员已经衰老患病,难以胜任工作,却没有及时更换。这严重削弱了卫所的战斗力。戚继光全面调整了沿海十一卫的官员,先撤换一批不能胜任的官员,又任命了一批年轻有为的官员担任指挥使。其中,栾煦任登州卫指挥史，王泮任威海卫指挥史。见到戚继光的铁腕手段，有许多不能胜任的官员主动辞职，如千户所千户马纲就主动向戚继光递交了辞职报告。在报告中，马纲说："近日，卑职因患左背寒湿等病，不能胜任各项任务，请大人革除卑职的职务。"戚继光接到报告，立即批准了对方的请求，并在登州卫上报的3名后备人选中选择了资历浅，但是曾经因工作出色受过奖励的蒋经代替马纲。

戚继光还大力整治军队里的不正之风。对于那些不尽职守、玩忽懈怠的卫所官员，他坚决地进行查处。登州卫听事吏刘希奉玩忽职守，戚继光毫不留情地将其抓捕归案，严格审讯，很快就将案情查清。当时，卫所部分官兵勾结地方豪强，私设赌场，聚众赌博，对卫所造成了严重的影响。戚继光到任后，即令巡捕严厉查办，还一举将卫所内部与之勾结的人员一并查处。见戚继光如此雷厉风行，不少人主动向他揭发检举。一次，登州卫右所千户张守祖向戚继光反映，自己负责保管的官银，被前任指挥使刘绍远私自批准借与千户李武臣、百户武鉴等人使用，尚未还补。戚继光短短10天便查清事实，并将所欠官银全部追回。登州卫左所百户阮宽揭露指挥佥事刘世昌指使家人和心腹，暗中与仓库主管勾结，非法侵占本所各官应得的俸粮，且数量超过半数，以此中饱私囊。对此，戚继光公正裁决，给予刘世昌严厉的惩罚。在戚继光大力整饬之下，军队的各项制度得以落实，风气得以扭转。

戚继光还加大管理力度，对沿海卫所官兵的军事训练、屯田生产和防倭措施等进行了严格的规范。由于从小全方位地接受过儒家经典与军事理论等的教育，戚继光在训练士兵的军事素养之时，极为重视将道德教育和军法惩治结合在一起。

首先，戚继光对士兵进行了道德伦理方面的教育，确立了全军统一的是非标准和价值观念。他教导士兵们遵循君臣父子的伦理，明白为谁而战，才能知晓如何战斗。他向士兵传授家国天下的理念，强调在国家层面要忠诚于朝廷，在家庭层面要孝顺父母。作为大明的子民，每个士兵都应无条件地忠于君主和国家。戚继光深信，如果士众兵多而不守纪律，则定会被敌人利用。因此，在正面教育的同时，他推崇军法并严格执行，强调没有规矩不成方圆，严惩违纪行为，用严格的军令和礼法来约束士兵的行为。戚继光也明白，只懂道理打不赢战争，他在提高军队战斗力方面也有自己的一套体系。武生出身的戚继光深知军事技能的重要性，在军中开展了严格的军事训练。

兵法有云："兵马未动，粮草先行。"作为一个在管理军屯事务上有着丰富经验的军事家，戚继光对后勤给养的重要性有着足够深刻的认识，对后勤补给的管理也有多种有效的方法。当时，登州卫面临着与全国大多数卫所一样的困境——军屯制的破坏导致的兵员问题。针对军户大量逃亡、兵力不足的情况，戚继光积极组织和训练当地民兵，让他们抱定"以鲁人守卫鲁土"的信念，领取"马粮"（兵粮），掌握弓箭等武器的使用方法。他还对这些民兵积极开展操练，使他们一遇报警即能上阵。

戚继光不仅严格御下，更继承了父亲的优良品格，严于律己，严管家人。当时，戚继光已经负担起了一家之主的责任，他像父亲教育自己一般教育自己的弟弟戚继美。一次，弟弟戚继美问兄长："人们说起古人'清节孝义'这些天理良知，无不赞美敬仰，但在待人处事上却总是考虑私欲，这是为什么呢？"

戚继光回答说："道理容易懂，但是人的欲望是难以克制的。用实际行动践行我们所懂的道理，就好像从城脚下向上攻城；而放纵自己的欲望，则像是顺着山坡向下推石头，这两者的难易程度可想而知。路边的野草，即使多次铲除，还是会不断生长，这就是欲望；而琼台上种植的花朵，就算是精心浇灌，也不一定长得茂盛，这便是道理呀。"

常言道，长兄如父。戚景通去世时，戚继美尚年幼，戚继光在其成长过程中，既扮演了兄长的角色，也承担了父亲的责任。而戚继光对弟弟所说的这番话，同样适用于他自己，是对自己的一种警诫和鞭策。

经过戚继光的一系列治理，山东海防形势得到根本性改观。海防固若金汤，成为当时明朝整个沿海地区最牢固的海上屏障。在当时，中国南部沿海大多数地区都在被倭寇大肆骚扰，戚继光所在的山东半岛却是另一番景象。嘉靖三十四年（1555）五月，有两股倭寇试图在山东沿海

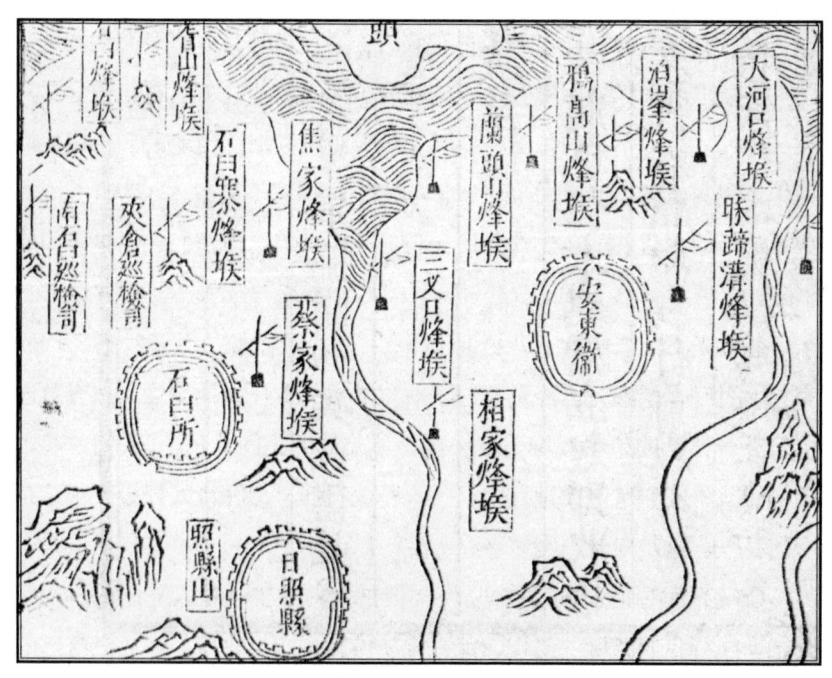

安东卫
选自《筹海图编》明刊本 〔明〕郑若曾

登陆，其中一股在日照安东卫防区登陆，另一股则在鳌山卫所辖栲栳岛上岸。山东沿海官兵顽强抵抗，很快将这两支倭寇击溃。嘉靖三十五年（1556）四月，倭寇又分别进犯灵山卫管辖的养马岛和海阳所附近，也很快被击溃。时间一长，由于捞不到好处，倭寇逐渐放弃了侵犯山东沿海的企图。此后整个嘉靖年间，很少有倭寇入犯山东沿海的记载。由此可见，戚继光在山东训练士卒、整顿军备、防御倭寇的成效十分显著。也正是基于此，没过多久，戚继光就被调到了抗倭的最前线，去发挥更大的作用。

鳌山卫
选自《筹海图编》明刊本 〔明〕郑若曾

第二章

赴任浙江

第一节 倭寇由来

我国古时将日本及其居民称为"倭"。

明朝时,日本海商与海盗集团大肆侵略朝鲜,以及中国的沿海地区,这些人便被称为"倭寇"。当时,倭寇活动频繁,不断袭扰我国东南沿海地区,甚至一度进犯至内陆地区,不但给沿海居民带来了深重的灾难,还导致社会动荡不安。为剿灭倭寇,中国军民进行了不屈不挠的反抗斗争。

倭寇的发展,经过了很长的一段历史时期。

"倭寇"一词最早出现在高丽文献之中。南宋宁宗嘉定十六年(1223),《高丽史》就记载"倭寇金州"。元惠宗至正十年(1350),倭寇入侵的规模和次数都创下了纪录,所以这一年被朝鲜认为是倭寇大规模入侵朝鲜的标志。不过,此时倭寇的入侵更多的是地方的自发行为。当时入侵朝鲜的倭寇主要来自日本的对马、壹岐,以及九州肥前的松浦地区。这些地方位置偏僻,土地贫瘠,人们自然就会想到以对外掠夺的方式保证生存。再加上松浦地区历来盛产海盗,所以这些地方的人会首先走上劫掠的道路也就不足为奇了。倭寇犹如蝗虫过境,扫地无遗,给朝鲜人民带来了深重的灾难。后来,朝鲜在抗倭英雄李成桂的带领下,才逐渐平息了倭患。

早在元世祖至元二十九年(1292),倭寇就已经对中国沿海构成了威胁。元武宗至大元年(1308),日本船只就曾掠夺庆元(今浙江省丽

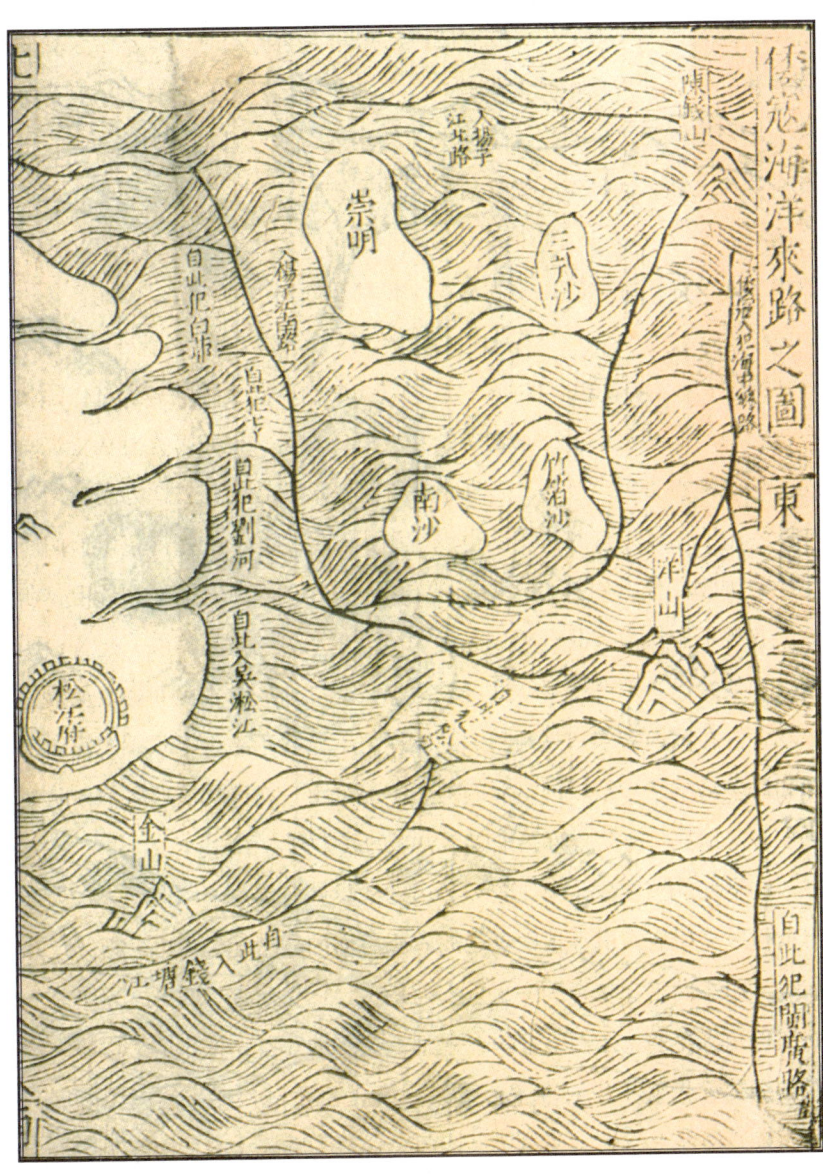

倭寇海洋来路之图
选自《江南经略》〔明〕郑若曾

水市庆元县），当地元军对倭寇的进攻束手无策。当时，日本社会相对落后，受手工业发展水平的限制，丝、布、锅、针及药材等生活必需品都依靠中国供给。一旦中国供应的货物出现短缺，日本国内这些物资的价格就会大涨，而日本又缺乏可以和中国进行贸易的商品。同时，两国之间隔着茫茫大海，日本的普通人根本没有能力进行远洋商业贸易，导致很多人放弃正经营生，沦为从事于抢劫掠夺勾当的倭寇。因此，倭患日益严重。

明朝初年，朱元璋颁布的一系列诏令加剧了以上问题。当时，明朝实行严格的海禁政策，特别是严禁私人海外贸易，仅有官方可在特定时间、特定地点进行"朝贡"，即外国商船携带贡品及各自地方的特产来中国，由明廷统一接收，明廷再以"国赐"的形式，向外商提供他们所需的中国物品作为回报。这种贸易方式叫作"勘合贸易"，弊端十分明显，其规模和次数十分有限，远远无法满足双方的贸易需求。此后，明朝大多数统治者都严格奉行这一政策，长此以往，日本民间难以从贸易中获益。在国内需求和高额利润的驱使之下，日本滋生了猖獗的民间走私和海盗活动，导致中国沿海的倭患空前严重。在这种情形之下，明朝更加坚定地执行海禁政策，采取了更多的武力打击手段。

在早期的抗倭战斗中，较为著名的战役就有望海埚（今辽宁省大连市金州区亮甲店街道金顶山）之战。望海埚的战略地位突出，扼守辽东咽喉，明军向来守备森严。永乐十七年（1419）六月十四日，辽东总兵刘江得知将有倭寇入侵望海埚，立刻下令严加守备，依靠地形优势为倭寇来袭提前做好了应对准备。第二天清晨，31艘倭船果然向望海埚奔袭而来。倭寇上岸后，明军伏兵四起，倭寇大败，千余名倭寇几乎被全歼，明军取得了抗倭以来的首次大捷。此后几十年的时间里，虽然小规模倭寇仍然不时出现，但是整体而言，他们没有对中国沿海地区构成太

明太祖高皇帝
选自《明代帝后半身像（一）》册　〔明〕佚名　收藏于台北故宫博物院

明太祖朱元璋（1328—1398），字国瑞，原名朱重八、朱兴宗。明朝开国皇帝，年号"洪武"。

大的威胁。

但是，随着日本战国时代的到来，中国的倭患进入最严重的时期。

明宪宗成化三年，也就是1467年，日本国内形势大变。室町幕府将军足利义政与守护大名之间爆发战争，史称"应仁之乱"，这场战争旷日持久，持续了11年。此后，日本进入了长达100多年的战国时代。当时，室町幕府形同虚设，日本再无中央政权。随着室町幕府威信的衰落，勘合贸易制度遭到破坏，没有办法进行勘合贸易的大名们便更加热衷于抢掠，此后，也没有人能够压制日本国内的倭寇势力。在这种情况下，越来越多的日本武士成为倭寇。日本武士生性残忍，再加上自幼习武，凶悍无比。这些人的加入使得倭寇势力迅速壮大。在进入战国时代之后，日本各路势力陷入旷日持久的混战，各大封建领主的军费需求日益飙升。为了扩大财源，很多日本封建领主公然支持倭寇，为倭寇提供人员、武器、船只，从中获益，甚至有人直接参与抢劫。有了这些封建领主的公然支持，倭寇队伍从之前的最多一两千人，迅速发展到动辄上万人。

因此，到了明代嘉靖年间，入侵中国的倭寇越来越多，规模也越来越大。而嘉靖年间军备废弛，卫所士兵大量逃亡，守军严重不足。沿海地区海防呈现一派凋敝景象——用以海战的战船所剩无几，士兵数量严重不足、质量堪忧，不但缺额达半数以上，剩下的士兵也大多是老弱病残，海防可以说是形同虚设。另外，一些沿海地方豪强会庇护倭船，欺瞒官府，为虎作伥，从中获取暴利。

在嘉靖三十二年（1553）八月，倭寇在沿海地区进行了一系列的掠夺行动。他们袭击了包括柘林、大港、下岱、大城及神泉在内的多个地点，对这些地区造成了严重的破坏。倭寇袭击了当地的官兵，许多人在战斗中败走，无法有效抵抗。大城之西、神泉之南的居民为了躲避战乱，纷纷逃离家园，导致原本热闹的村落变得空无一人，庐舍荒废，一片荒凉。在这些被劫掠的地区中，只有大约十分之一的房屋得以幸免留存，其余的建筑全部被火焰吞噬，化为灰烬。

嘉靖三十三年（1554），倭寇对昆山发动了抢掠行动。史载这座孤城被围困了整整45天，经历了30多次大小战役，6座城门同时遭到攻击，500多人被杀，2万多间房屋被焚毁，40多具棺椁被挖掘。方圆350里以内的乡村，几乎所有房屋都遭到了破坏，男女老少损失过半，遭破坏的棺椁数量难以精确统计，人们无法完全了解所有情况。

嘉靖四十年（1561），5000名倭寇对大城所（今广东省潮州市饶平县所城镇）发起了猛烈的攻击。这些贼寇肆意妄为，不仅残酷杀戮当地居民，更是将所到之处劫掠一空。东里地区几代人积累的财富被倭寇无情焚毁，许多珍贵的书籍、历史文献、前贤的杰作被付之一炬，有些家族的谱牒也难逃一劫，尸横遍野的景象更是惨不忍睹。到二月三日，倭寇又转移阵地，前往诏安四都，沿途道路上死者接连不断，悲惨的景象触目惊心。那一年的夏天，疫病开始大规模暴发，原本幸存下来的民众在饥饿和疾病的双重打击下又接连死亡，死亡人数过半。本就贫瘠的土地上，一斗种子的价格竟然与一斗米相等。人口锐减，十户之中有六七户都遭受了巨大的损失。

明嘉靖四十一年（1562），御史林润在《请恤三府疏》里描述到："今遭寇乱之际，历八年于兹矣。死于锋镝者十之二三，被其掳掠者十之四五，流离转徙他乡者又不计其数。近又各府疫疠大作，城中尤甚。一坊数十家而丧者五六，一家数十人而死者十七八，甚至有尽绝者。哭声连门，死尸塞野。孤城之外，千里为墟。田野长草莱，市镇生荆棘。昔之一里十图者，今存者一二图耳；昔之一图十甲者，今存者一二甲耳。"

大城所
选自《筹海图编》明刊本 〔明〕郑若曾

林润所疏"三府"指的是福建漳州、泉州、兴化。实际上，沿海各地受害程度相差不多。

可见，嘉靖年间倭患达到了空前严重的程度，给沿海居民带来了深重的灾难。

面对如此严峻的形势，嘉靖三十四年（1555）七月，戚继光告别了登州的家人，又如父亲般对弟弟戚继美嘱咐了许多，终于踏上南下之路，去往浙江任职，他的职务是浙江都司佥事。明朝政府在地方设立的都指挥使司是地方最高军事机构。这个机构通常会设1名正二品的都指挥使，2名从二品的都指挥同知，以及4名正三品的都指挥佥事。戚继光所担任的都司佥事正是这4名正三品的都指挥佥事之一，专门管理练兵或屯田事务。

在戚继光赴任浙江时，明朝东南沿海的抗倭形势发生了巨大的变化。嘉靖三十四年（1555）五月初一，在总督张经的领导下，以云、贵、川等西南地区的少数民族土兵及狼兵为核心的明军，最终取得了王江泾大捷。此战中，明军消灭了1980名倭寇，标志着明军取得了嘉靖年间抗击倭寇的首次重大胜利。王江泾大捷之后，明军士气高涨，抗倭战局也出现了积极的转变。然而，总督张经却遭到内阁首辅严嵩和赵文华的共同陷害，不幸身亡，这导致东南沿海的抗倭局势再次变得扑朔迷离。

祸根在王江泾之战的过程当中就埋下了。严嵩的义子赵文华时任工部右侍郎，主管朝廷工程建设。在张经正准备彻底歼灭倭寇时，赵文华却把自己的注意力转移到了抗倭前线——他建议嘉靖帝到江阴、常熟举办祭海神的仪式，理由居然是只需平息海神之怒，就能平息倭患。本就喜欢求仙问道的嘉靖帝批准了严嵩的奏报，立刻派赵文华作为钦差大臣到江南松江去祭海神、督察军务。

漳州府和泉州府
选自《筹海图编》明刊本 〔明〕郑若曾

赵文华到了东南沿海，倚仗钦差的身份颐指气使，但张经却没有把他放在眼里。张经计划等待所有部队集结完毕之后，再对倭寇进行一次全面的围歼行动。然而，急功近利的赵文华却不断催促张经立即发起进攻。面对赵文华的催促，张经十分不屑，既没有听从他的意见，也没有向他透露自己的详细计划。可他不知道，正是自己的这一行为招来了杀身之祸。张经的态度让赵文华感到非常愤怒，他立即向嘉靖皇帝秘密上奏，诬告张经浪费军饷，祸害百姓，并将张经的行为归结为因畏惧敌人而错失战机。赵文华甚至指控张经有意纵容倭寇进攻，想要等到倭寇抢掠后自行逃走，再剿灭剩余的敌人以报功，他建议嘉靖皇帝立即惩治张经，来避免东南地区发生更大的灾难。在严嵩和赵文华的联合弹劾下，嘉靖三十四年（1555）五月十六日，嘉靖皇帝下达了逮捕张经的诏令。经过一段时间的审理，同年十月二十九日，张经在西市被斩首。

张经原本抗击倭寇有功，却因小人谗言而遭冤杀，这使明军士气低落，军心不稳。尤其是从西南地区征召的狼兵和土兵，他们对张经极为敬仰，张经去世后，无人能再管束他们。这些狼兵和土兵不仅不再积极参战，反而开始掠夺地方，给民众带来祸害。因此，抗倭的局势又一次急转直下。

第二节 首战遇挫

就在戚继光上任前一个月,也就是嘉靖三十四年(1555)六月,又有一起骇人听闻的倭寇入侵事件发生。

当时,100多名倭寇自浙江上虞登岸,进犯会稽县高埠,然后自杭州向西,经过於潜、西兴、昌化等县,沿路抢掠。100多人的倭寇小部队,在从离开高埠到严州淳安县时不过损失了40人,还有60多人继续前进。而徽州府民兵500多人,才见到倭寇就全部溃退。在埠塘的交战中,泾县知县丘时庸也遭遇了挫败。南陵县丞莫逞则带领300人据守分界山,还没和倭寇交兵就全线退走,倭寇再入南陵县抢掠。在离开南陵之后,这几十名倭寇经芜湖,犯太平(今安徽省马鞍山市当涂县),此后竟然直趋南京,南京守军也不敢出击。这些倭寇在南京城下劫掠一番后,继续东进至秣陵关,守关明军千余人不战而溃,倭寇大摇大摆过秣陵关到达溧水县。离开溧水后,这些倭寇从溧阳到宜兴,从武进到无锡,最终在各路大军的进攻下才被全部歼灭。也就是说,这60多名倭寇横行千里,杀伤军民4000余人,历时80多天才被消灭。

戚继光刚上任一个月,倭寇就又来进犯了。

嘉靖三十四年(1555)八月,800余名倭寇进犯龙山所(今浙江省慈溪市龙山镇),这里是宁波北方一个重要的军事基地。为了消灭这股倭寇,明军参将卢镗,副使徐东望、王询,把总卢琦各自率军2000人,游击尹秉衡率军3000人,前来清剿倭寇。戚继光虽然刚刚到任,可是

龙山所
选自《筹海图编》明刊本 〔明〕郑若曾

宁波是戚继光的防区，于是他也率军赶来。几路明军相加共有一万余人，是倭寇的十几倍，戚继光相信此战一定可以大获全胜，全歼倭寇。

于是，戚继光率军向慈溪东南的龙山进发。然而，让他们没想到的是，在路上，他们就遇到了倭寇，著名的龙山之战就此拉开序幕。

战斗刚开始，3名头领率领几百名倭寇，竟然主动向万余明军发起了攻击。

戚继光马上察看周围地形，制定战略，安排队形。然而，戚继光还未部署完毕，他就发现自己带领的这队明军已经四散奔逃。

面对溃逃的明军，戚继光高声喝令"临阵脱逃者斩立决"，但已无人听他的话。戚继光无法理解，为何在人数远超过倭寇的情况下，明军竟如此不堪一击，别说攻击，连自保都成问题。前锋溃败后，中军也开始动摇。戚继光的副将也急切地催促他赶紧撤离，以免陷入险境。

戚继光很快恢复了冷静，他挣脱了副将的拉扯，取出随身携带的弓箭，从容地指挥部下带自己到高地查看敌情。

众将士只见戚继光跨马快速登上一处高地，刚一到达便立刻弯弓搭箭，瞄准了带头冲锋的倭寇头领，果断地射出一箭，那名倭寇头领应声而倒。此刻，戚继光来不及多想，便又将手伸进了箭筒，抽出箭，然后快速射出，第二个倭寇头目和第三个倭寇头目接连倒地而亡。这彻底击溃了倭寇们的心理防线，他们放弃了进攻，停了下来。戚继光手下的明军此刻也少了一些畏惧。戚继光随即重新命令明军正面迎敌，这才扭转了危险的局面。

"众将士听令，全力追击，不能让倭寇逃走！"然而，面对已经开始逃跑的倭寇，明军仍然显得力不从心，只将倭寇赶跑便再也不肯追击了。戚继光再三下命令，士兵们也依然佯装体力不支，不肯上前。

九月份，龙山所又遭遇了倭寇的侵袭，浙江巡抚阮鄂、浙直总兵俞大猷及戚继光等将领带领部队进行抵抗。在战争的早期阶段，由于明军在兵力上占据优势，连续三次战斗都取得了胜利，给倭寇造成了严重的打击。面对明军强大的攻势，倭寇只能在战斗的同时不断撤退，而明军则利用胜利的势头，连续在缙云和桐岭两地的战役中获胜。

然而，倭寇并未像明军预料的那样迅速溃败，而是在关键时刻展现出了他们长期以来积累的高军事素养。在看似溃败的逃亡过程中，他们竟然巧妙地在雁门岭（今属浙江省慈溪市龙山镇）设下了埋伏。在胜利的喜悦中失去了应有警惕的明军，完全没有预料到敌人的这一招，结果不慎落入了倭寇精心布置的包围圈。在突如其来的前后夹击之下，明军士兵们惊慌失措，阵型大乱。许多士兵因为极度的恐慌而完全不听从指挥，甚至不敢与冲杀而来的倭寇伏兵进行正面交锋，纷纷丢弃武器，四散逃命。尽管俞大猷和戚继光试图以严明的军纪和号令来稳定局势，但此时的明军已经完全失去了控制。幸运的是，戚继光和台州知府谭纶各自带领自己的部队，勇敢地进行了抵抗，并最终扭转了战局，避免了明军可能遭受的惨重失败。然而，此后还是由于缺乏援军的支持，戚继光和谭纶也不敢贸然追击，那股狡猾的倭寇得以从容地通过乐清的海岸线，扬帆出海，成功逃脱。

首次出战，戚继光本来期待着崭露头角，可是这样的结果到底是胜是败？对于战斗力低下、军纪涣散的明军来说，击溃了倭寇，本身确实是一种胜利。但对少年得志的戚继光来说，这就是重大的失败。

其实，出现这种情况毫不足怪。与明军相比，倭寇的战斗力相当突出。嘉靖时期，日本正值战国时代，战斗几乎是日本人必备的生存技能，在夹缝中不断成长的倭寇被颠沛的生活压抑得嗜杀成性，把每场战斗的胜利都当作活下去的必要条件。因此，倭寇不仅不怕战，反而更善战、好战。每次战斗，倭寇们都会赤裸上身，野兽般冲锋，他们不顾生死,更藐视他人生命,以杀人为乐。面对这样的倭寇,明军往往"进退无纪,彼此离心;贪功观望,有同儿戏,坐贻地方大害"。如果只是好斗、善斗,那倭寇还不算可怕,真正可怕的是,他们的头目往往富有作战经验,非常狡猾,因为精通兵法,工于计谋,往往能够以计谋引明军入包围圈。

虽然首战遇挫,但是戚继光依然收获很大,因为他结识了今后军事生涯中最重要的两名战友——俞大猷和谭纶。

俞大猷(1503—1579),字志辅,号虚江,福建省泉州府晋江县(今福建省晋江市)人。和戚继光一样,俞大猷也出身将门,嘉靖十年(1531)承袭父职任泉州卫百户。嘉靖十四年(1535),俞大猷参加会试,一举登科,以策论《安国全军之道》获得了第5名,授千户,负责守卫金门。嘉靖二十八年(1549),右副都御史朱纨巡视福建,俞大猷被推荐为备倭都指挥。嘉靖三十一年(1552),俞大猷任宁波、台州诸府参将,后任苏松副总兵。后来俞大猷追随张经取得了王江泾大捷,又多次击败倭寇。

俞大猷在张经蒙冤遇害之后,自己也未能避免被诬陷的厄运,面临极大的困境。关于他的弹劾和责难的奏章接连不断,一时间,朝臣们纷纷将水陆战败的责任都归咎于他。朝中的文官们不禁感慨:俞将军一人,怎么可能同时在海上和陆地上都取得胜利呢?结果,俞大猷被撤职。幸运的是,胡宗宪坚定地支持他,认为抗击倭寇是国家大事,不应该在用人之际轻易地处罚有才能的人,俞大猷得以恢复职位。

谭纶(1520—1577),字子理,号二华,江西省宜黄县人。谭纶自小便博览群书,具备敏捷的思维和卓越的才智,性格亦十分沉稳。他在嘉靖二十三年(1544)考取进士,随后担任了南京礼部主事、兵部职方郎中。面对倭寇的侵扰,谭纶自发组织了500名士兵,成功抵御了倭寇

第二章 赴任浙江

对南京的攻击，从此声名鹊起。到了嘉靖二十九年（1550），他升任台州知府。在那里，他亲自打造了一支由1000名士兵组成的队伍，建立了严格的军纪，确保从副将到普通士兵都受到严格的管理。这种明确的职责划分和严格的纪律，使得士兵们行动更加统一，不久，这支部队就成为抗倭斗争中的精英力量。

就这样，戚继光、俞大猷、谭纶共同走上了抗倭的道路。不久之后，他们还遇到了一位全力支持抗倭事业的上司——胡宗宪。

胡宗宪，字汝钦，号梅林，生于正德七年（1512），南直隶徽州府绩溪县（今安徽省宣城市绩溪县）人。他是嘉靖十七年（1538）戊戌科进士。嘉靖十九年（1540），他被任命为益都（今山东省青州市）知县，其间他屡决悬案，平反冤狱，因此获得朝廷嘉奖，并晋升三级。嘉靖三十三年（1554），他出任浙江巡按御史。嘉靖三十四年（1555），他升任为右佥都御史，并巡抚浙江。嘉靖三十五年（1556）二月，胡宗宪被任命为浙直总督，负责总督浙江、南直隶和福建等处的兵务。

嘉靖三十五年（1556）七月，胡宗宪正式任命戚继光为宁绍台参将，主要负责宁波、绍兴、台州这3个地区的军事防务。

浙江沿海总图
选自《筹海图编》明刊本 〔明〕郑若曾

第三节 兵不习战

从龙山开始,戚继光逐步适应了浙江高强度的抗倭节奏,他竭尽全力打好每一仗,但也逐渐认识到有些事情需要自己一步一步从头做起,比如练兵。

当时,明廷的倭寇之患既有外因,也有内因。从外部来看,倭寇战斗力强悍;从内部来讲,明朝的军队确实疲弱不堪。嘉靖时期,明军士兵数量严重不足,军事素质低下。戚继光反复思考,认为龙山的第一场抗倭战斗打得艰难无比,其原因并不是倭寇有多么可怕,而是士兵怯战、军事素养低下。这也是大多数明朝将领共同面对的困局,很多将领也采取了一些补救办法,如补充兵员、训练乡民、招募义勇等,但应用最广的办法还是"调客兵",这种办法因其见效迅速而一度成为各地抗倭将领的首选。

嘉靖三十二年(1553),应天巡抚彭黯和巡按陶承学开创了"调客兵"的先河。他们调军的主要目的是抗击倭寇。彭黯和陶承学深感形势的严峻,沿海地区饱受倭寇侵扰。于是他们向朝廷上疏,请求调动山东、福建等地区的客兵来加强防御和反击力量。然而,他们的提议遭到了兵部的拒绝。兵部给出的理由是山东、福建的军队并不擅长水战,而且这两个地区本身也正受到倭寇的威胁,因此不宜分散兵力。但是,到了当年的二月份,南京御史宋贤再次提出了类似的请求,希望调用客兵来加强抗倭的力量。这一次,朝廷却意外地批准了他的提议。从此之后，调用客兵的做法逐渐成为一种风气，并且在张经时期达到了顶峰。在抗倭战争的高潮阶段，客兵的种类变得极为繁多，包括北直隶长箭手、真保达兵、山西白棒手、河南嵩山矿工、毛葫芦兵、少林僧兵、徐邳盐徒、青州长枪手、沂州沙家兵和竿子手，以及广东藤甲军。除此之外，还有处州坑兵、漳州仓兵、上杭赖家兵、广西狼兵、湖广土兵等。这些来自不同地区的客兵，都以各自独特的方式和技能，为抗击倭寇的战争贡献了力量。

戚继光不主张用客兵来解决倭寇问题。总体来看，客兵弊大于利，主要是客兵的纪律作风有很大问题。浙江是中国东南沿海最富庶的地方，由于久享太平，这里的百姓不擅长打仗。选择调外省剽悍的土兵、狼兵来此作战，虽然能够取得军事上的短暂胜利，却也给当地造成了很大的损失。这些土兵和狼兵不会像对待自己的家乡那样爱惜脚下的土地，他们往往会对沿途百姓进行劫掠，其危害并不比倭寇的危害小。例如，普通民众对狼兵的评价普遍不佳，他们认为狼兵是一群贪婪且蛮横的士兵。每当狼兵抵达某地参与战斗，当地的居民就会面临巨大的负担，因为他们必须提供食物和其他物资来供养狼兵。这种供养给当地百姓带来了沉重的经济压力，甚至影响到他们的日常生活。为了减轻这种负担，一些地方政府采取了严格的措施，甚至颁布了禁止狼兵入城的禁令，以此来避免狼兵可能带来的各种危害和破坏。

土兵的情况也大抵如此，沿海居民甚至觉得狼兵、土兵的危害与倭寇不相上下。长此以往，客兵的危害与倭寇的危害便会在本质上没有区别。如果调兵的地方政府严格执法，将犯错的客兵绳之以法，有时还会引起客兵心生不满从而犯上作乱。但如果对他们过于优待、纵容，他们又会毫无顾忌地损害百姓利益。客兵们有恃无恐地危害地方，倭寇的问题又不能得到解决，错综复杂的客兵问题就会变成长久的祸患。

可见，戚继光要想真正完成剿灭倭寇的大任，必然要亲手训练出一支军纪严明、战斗力强悍的部队。初到浙江，戚继光就向上级提出了练兵的想法。他一封一封地写信，将自己多年来的理论做了详细梳理。一方面，戚继光已经构建起了练兵的理论框架；另一方面，他渴望通过这种方式得到认可，能够真正施展抱负。最重要的是，戚继光不想被这群贪生怕死的士兵所害。

嘉靖三十五年（1556）八月，倭寇进犯龙山，戚继光率军首捷于高家楼，而这一战，事实上全凭戚继光力挽狂澜，他3箭射杀3倭首，让所有人眼前一亮。但戚继光明白，不是每次战斗他都能如此幸运。他的士兵胆小如鼠，明明在数量上占有绝对优势，却被区区800倭寇追得抱头鼠窜，只顾逃命。他的士兵不听从命令，无论他下令追击还是冲锋，他们都选择性地忽略他的指令；而当他下令停止时，士兵们倒是很乐意执行。此外，他的士兵还毫无团队意识，他们不仅不会为杀敌拼命，更不会为战友拼命，甚至将戚继光扔在战场上也毫无愧疚感。

在这年的十一月，戚继光经过深思熟虑，起草了《任临观请创立兵营公移》，首次向上级正式提出了练兵的建议。然而，这些提议最初并未引起上级的重视，它们就像石沉大海，没有得到任何明确的答复。到了嘉靖三十六年（1557）二月，戚继光在《练浙兵议》中慷慨激昂地表达了自己的观点："在一个十户人家的小村庄，都一定会有忠诚和信义之人；那么，在整个浙江，难道就没有勇敢和有才能的人吗？如果能招募三千浙江士兵，亲自进行训练，那么三年之后，他们就足以抵御敌人，这样可以节省数倍的客兵饷银。"

起初，胡宗宪本能的反应是质疑，他把戚继光的文章扔在地上，对身边的人说："浙人可练，我自为之，岂俟汝耶？"但胡宗宪最终还是给了戚继光一个尝试的机会。

紀效新書總敘

任臨觀請創立兵營公移

分守浙江寧紹台等處地方參將署都指揮僉事戚繼光呈為處練陸兵以便圖報事竊照卑職一介武夫叨承祖廕驅馳北塞艱苦數年是以犬馬衷誠謬蒙剡薦方面再遷涓埃未效尸位之慚徒極俯仰再叨前職水陸兼司陸戰尤切但情俗異宜只得勉奮至於身先士卒臨敵忘身職雖武愚少所素講又況世荷豢養之恩正犬馬效力之日且進有廕贈之榮退有典刑之及豈敢偷生但設

《任临观请创立兵营公移》（节选）
选自《纪效新书》〔明〕戚继光

实际上，胡宗宪之前没有回应戚继光的练兵请求，无非以下几个原因。其一，戚继光的履历不够"好看"，他虽在17岁就承袭了家中的世袭军职，但直到29岁来到浙江之前，一直主管后勤事务，并没有参加过一次像样的战役。虽然胡宗宪看好这个有想法的年轻人，但作为一个在官场上摸爬滚打多年、有着丰富阅历的资深官僚，胡宗宪仍然需要用足够的时间来观察戚继光，并用足够的实践来检验其能力，此后才能放心地起用他。其二，"练兵"一说并不新鲜，至少俞大猷也是主张练兵的，胡宗宪也有过类似的想法，但不论是久经沙场的俞大猷，还是纵横官场的胡宗宪，他们的练兵尝试都没有什么成果。其三，练兵是一件长期的事，并不能立竿见影地减轻倭患。戚继光自己也说，需要3年的时间才"足堪御敌"。

那是什么让胡宗宪回心转意呢？戚继光认为，这次3000人的练兵能够实现，源于胡宗宪的严谨与顾忌。老谋深算的胡宗宪曾对身边人说过："（戚继光）此举或闻诸乡士夫，我如不允，必归咎也。姑勉从之。"也就是说，胡宗宪之所以同意戚继光练兵，不过是由于戚继光练兵的事已经声势浩大，或许已经被其他士大夫所了解。若是他横加阻挠，恐怕会落得不全力抗倭的名声，因此他只能听任戚继光行动了。

但戚继光没有将希望全部寄托在这位善于权衡利弊的上司身上，他的练兵行动，其实早在胡宗宪同意之前就已经开始了。从现在的眼光看来，这次尝试开始于招奠龙山阵亡战士英灵。实际上，那是一次统一思想的思想政治教育活动。谈起龙山之战，戚继光将溃败的原因归纳为三点：一是战事突起，没有很好的战前部署；二是自己新到任，与士兵还不熟悉；三是士兵没有时间进行系统训练。于是，嘉靖三十六年（1557）正月，戚继光专门举行仪式，招奠了龙山阵亡士兵。可见，戚继光并没有拿将士们临阵脱逃之举大做文章，反而将那次事件作为一次改变将士们的重要契机。他希望通过招奠将士英灵，让将士们认识到抗倭光荣，临阵脱逃可耻。趁着将士们感动之际，戚继光紧接着开始了士兵训练。

在这年的十二月，胡宗宪终于对军队进行了重新的调整，把先前由兵备佥事曹天佑招募的 3000 名绍兴籍士兵，调拨给戚继光进行训练。戚继光随即开始严格整顿军纪，为这 3000 名士兵订立了比以往更加严苛的军纪标准。他还从礼义廉耻开始教习手下士兵，士兵们在戚继光的带领下，逐渐改掉了散漫懒惰的习气，开始勤勉地训练起来。如果给戚继光 3 年时间，这 3000 人很可能会被训练成一支优秀的军队，但历史的进程往往充满了变数。新兵刚开始训练不久，就不得不面对战场的严峻考验。

次年二月，戚继光率领这 3000 名将士投身于惨烈的岑港之战。经过戚继光的严格整训，这 3000 人尽管取得了一些战绩，但也在关键时刻给戚继光带来了意想不到的打击。

第四节　岑港之战

嘉靖三十七年（1558），在先后消灭了徐海、陈东、麻叶等汉奸势力后，胡宗宪又剿灭了当时最大的海盗势力——王直。其党羽毛海峰悍然肢解了双方谈判时作为人质的都指挥夏正，并率领3000倭寇列栅筑垒，据岑港坚守。惨烈的岑港之战由此拉开序幕。

二月，胡宗宪亲自领导了规模庞大的岑港之战。在此次战役中，他调动了浙江全省的精锐部队，人数超过2万，分多路共同围攻盘踞在那里的1000余名海盗及倭寇。为了确保绝对成功，胡宗宪安排戚继光所部在左翼，港南和港北也分别部署了其他将领的部队，同时指派俞大猷所部负责支援策应。

如果打赢一场战争需要天时、地利、人和的话，那岑港之战对明军来说，则同时缺乏了这3个条件。

首先，岑港位于舟山本岛的西部，属于易守难攻的战略要地。这里山岭连绵起伏，山路曲折且狭窄，地形结构错综复杂。更糟糕的是，倭寇占据了高地，他们在防守时能够居高临下，拥有天然的优势。在这种情况下，明军虽然发起了多次猛烈的攻击，但大多数情况下都是徒劳无功，甚至出现了重大的伤亡。因此，明军在很长一段时间内都难以在这个地方取得任何实质性的突破。

其次，在人的因素方面，大部分明军对待倭寇的态度都是赶走了事，但这次，困兽一般的倭寇让本就无心恋战的明军束手无策，尽管

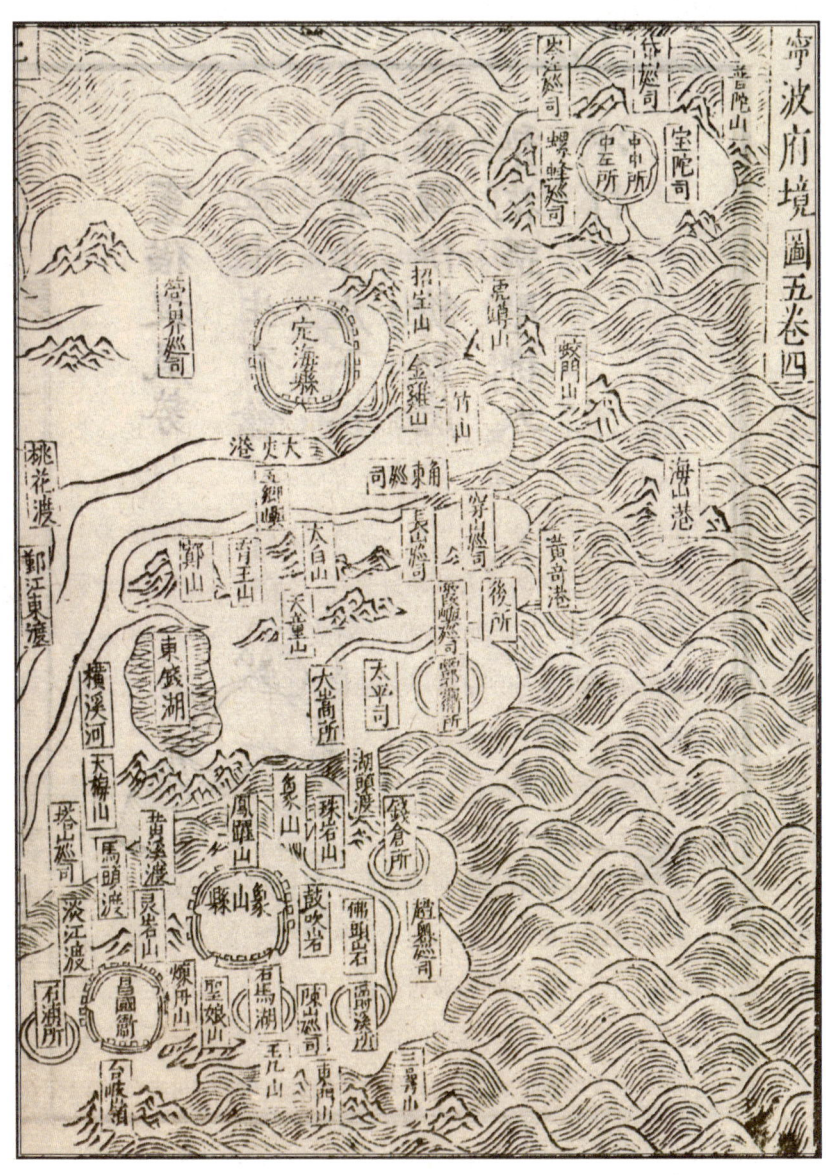

岑港
选自《筹海图编》明刊本 〔明〕郑若曾

他们有经验丰富、英勇善战的将领，但还是缺乏必胜的信心和昂扬的斗志。而且他们还发现，倭寇的武器要比自己的先进许多。这是因为倭寇长期从事海上贸易，欧洲先进的武器传入亚洲时，往往是他们最早开始使用的。相比之下，明军虽然也重视武器装备，但大多数时候是依靠在战场上发现了先进火器后再进行仿制、改造，这势必造成武器装备的更新换代要有更长的周期。

最后，长时间的对抗导致明军连"天时"也不占了。三月，岑港天气突变，风雨交加，引发山洪暴发，山间小溪、河流水位迅速暴涨。倭盗看准了时机，利用洪水击退明军。他们"于山之高堙处，相其堤者堤之，后官兵进击，决而注之，兵多漂死"，岑港之战的开局因此变得焦灼而又艰难。

这场战役中，蓄势待发的戚继光得以崭露头角，他的成长速度让所有人为之赞叹。

四月，戚继光接到命令后，带领军队从舟山岛启程，渡海前往台城进行支援。他们在乌牛与敌军遭遇。在这场战斗中，戚继光指挥部队斩杀了20多名倭寇，并成功解救了300多名被掳掠的百姓。己方仅有3名士兵阵亡，大多数倭寇仓皇逃走。此后，戚继光屡创辉煌战绩。五月，诸倭"再寇温州"。五月初二，又有80多艘船运载着4000余名倭寇在乌牛、馆头一带登陆，戚继光率军在北斗门十里桥迎战。这次战斗，戚继光部斩敌60余人。初五、初九、初十，戚继光又多次率军与倭寇战斗。直到五月十二日，戚继光所部已经驱逐了大部分的倭寇，斩杀了40多名敌人，并俘获了20多人。就在当月，大量新倭寇又登陆台州沿海地区。戚继光接到了命令，率部从岑港撤军，回台州进行防御，并与驻扎在海门卫的谭纶汇合。两位老朋友在抗倭的斗争中都取得了显著的战绩，久别重逢之下，当即决定庆贺一番。当夜，虽然下起大雨，海门内外却杀猪宰鸡，到处洋溢着欢乐的气氛。倭寇探子偷偷来到海门卫外，打探到这里正在进行庆祝活动，便报告给了倭寇的头目们。得到这一消息，众倭寇大喜："今晚大雨，海门卫现在又在进行宴会，守军肯定非常松懈，今夜如果前去偷袭，肯定可以成功。"是夜，倭寇们早早埋伏在城外，等到半夜宴会散去，众将士们都陆续回去休息时，他们便准备攻城。正当他们架起梯子悄悄爬上城墙之际，却猛然发现戚继光带领着亲兵，犹如天降神兵出现在他们面前。戚继光手起刀落，几名刚爬上城墙的倭寇立刻身首异处。原来，戚继光事前虽然并未料到倭寇当晚会偷袭，但是由于外面电闪雷鸣，风雨交加，出于职业的敏感性，他意识到这样的天气正是敌人进攻的良机。于是，他即刻巡视城防，结果恰巧碰到正在登城的倭寇。在消灭了这几名倭寇之后，戚继光立即传令报警。跟随戚继光的亲兵旋即高喊："倭寇来袭，大家快出来杀贼啊！"城内的将士们听到喊叫声，立刻拿起武器出来追杀倭寇，潜入的倭寇还未来得及摆开阵势，便已经成了明军的刀下之鬼。此时，还在城下未来得及登城的倭寇见到越来越多的明军士兵出现在城头，知道偷袭已经不可能成功，于是狼狈逃走。

　　此战虽然取得了胜利，却是惊险异常。若不是戚继光灵光乍现之下巡城，发现了倭寇的动向，后果将不堪设想。这不由得让戚继光警醒——如果再遇到倭寇的袭击，单单靠士兵的喊叫是行不通的。若是再遇到恶劣天气，人的声音根本传不了多远，恐怕倭寇便会得手了，必须找出更加快捷有效的报警手段！经过一番思考后，戚继光命人把庆善寺里的大钟运到海门卫，将其安置在海门卫城隍庙的钟楼上，一旦遇到袭击就敲钟，钟声洪亮，且传播得远，如此便会快速将警报传递出去。这种办法果真起到了奇效。后来，为了纪念戚继光，海门卫人民把这座放置了大钟的城隍庙改建为戚公祠。20世纪80年代中期，戚公祠又改建为戚继光纪念馆。那口报警用的大钟，现在依然陈列在纪念馆内。

倭寇袭击台州的诡计没能得逞，只得转向进攻温州。戚继光也率部前往温州抗敌。在温州，戚继光取得了六战六胜的辉煌战绩，直到将温州的倭寇彻底歼灭后，他才率部返回岑港战场。

尽管戚继光带领部队在台州、温州等地赢得了抗倭战斗的胜利，但岑港的局势仍旧紧张且困难重重。到了七月，因岑港久攻不下，朝廷将总兵俞大猷、戚继光、刘英等将领撤职，同时责令他们戴罪立功，要求他们必须在一个月内攻陷岑港。参战的明军别无他法，只能增强对岑港之敌的攻击力度。与此同时，胡宗宪奉命亲自前往定海，派遣将领，准备发起大规模的进攻。但是，倭寇头领毛海峰等人依靠岑港的山水走势设置防御工事，坚守营地，并使用火器对抗明军，使得明军一时难以战胜敌人。危急时刻，俞大猷、戚继光等率部冒险挺进，一寸寸推进堡垒，昼夜不停、轮番攻击，才使明军得以缓慢推进。在战斗过程中，众将巧施妙计，使倭寇之间互相猜疑，甚至发展到自相残杀的地步。持续数月的激战后，倭寇终于不敌，他们不得不焚毁主寨，将兵力迁移到邻近的柯梅岭，企图造船逃逸。

十月，胡宗宪挥师直指柯梅岭。与此同时，兵部郎中唐顺之受命巡视浙江，并与胡宗宪联手剿灭倭寇。当日，柯梅岭的倭寇启航出海，俞大猷、戚继光等将领指挥水师从沈家门启程，乘胜追剿，彻底捣毁了倭寇在柯梅岭的据点。至此，倭寇不得不放弃浙江，转道攻打福建，岑港之战终于结束。

此后，戚继光继续带着自己的军队艰难又顽强地打击倭寇。嘉靖三十八年（1559），戚继光与谭纶联手抗倭，在台州与倭寇进行了三场战斗，此后又组织了大大小小多场战役，才基本肃清浙江境内的倭寇。

岑港之战，明军耗时半年，却仅算得上惨胜。这一战中，明军以万

台州府
选自《筹海图编》明刊本 〔明〕郑若曾

余兵力攻打3000名倭寇，伤亡3000余人，而倭寇伤亡不到千人。单从战略上分析，明军在数量上占据绝对优势，一旦对岑港形成合围之势，取胜就应该只是时间问题，就算毛海峰再会打仗，岑港之战也不会打太久。但偏偏就是这样一场看似必胜的战役，却暴露了双方的差距。

首先，明军整体军事素养不足，行动迟缓，合围之势并没有如期盼中那样迅速形成。明军的两路水师、三路陆军，没有按时完成汇合，反而在开战前期打成了车轮战，几路明军分批到达战场，被倭寇各个击破。加之岑港激战正酣之际，又有倭寇分别进犯温州、台州等地，胡宗宪只得分兵支援，总攻时机被一再拖延。

其次，与倭寇的嚣张气焰相比，明军气势明显不足。正当两军激战、难分胜负之际，大批倭寇又乘虚而入，不断加入激战当中。新旧倭寇合而为一，反而令倭寇士气大涨。而明军面对倭寇，大多畏缩不前，在岑港已经形成包围之势的情况下，却不能形成有力的攻击。

岑港之战的惨胜，给胡宗宪带来的尽是质疑之声。为了避免自己受到牵连，胡宗宪不得不将俞大猷推出来做了替罪羊，他以"邀击不力，纵之南奔"的罪名，将俞大猷押送至京城。在这个过程中，俞大猷面临了极大的风险和压力，他的命运似乎已经注定。然而，幸运的是，锦衣卫指挥使陆炳出手相助，通过他的努力和影响力，俞大猷得以从轻处罚。尽管如此，俞大猷仍然无法完全摆脱罪责，最终被发配至大同镇军前效力，以赎其罪。与此同时，卢镗接替了俞大猷的总兵之职。而戚继光则更为幸运，他不仅没有受到牵连，反而官复原职，继续他的抗倭之路。

第三章

锻造劲旅

第一节　义乌招兵

经过岑港之战，戚继光发现每场战役都是巨大的考验，他所训练的这些新兵似乎能够打仗了，但又打不了硬仗、胜仗。他们似乎有着天然不可能成为更好的士兵的理由。戚继光不无惋惜地感叹："训练士兵犹如对孩童进行启蒙，对于那些天生具有当兵潜质的人，只需适度引导便能使其成才；然而，对于那些并不适合当兵的人，即便每日严加督促，成效也难以显现。难道绍兴的士兵们真的缺乏天赋吗？"

不怪戚继光发出这样的感慨，浙江兵有着改不掉的不利于作战的"地域特色"。

一是难以驯服。不管是家国大义，还是军令如山，在这些士兵看来，都不是自己拼命的理由。比如，作战勇猛的处州士兵，经过训练后明明具备了战胜敌人的能力，但他们的首要选择还是自我保护。每次出战前，他们都要与戚继光讲好条件，要求戚继光明确告知敌人的数量、装备及战争形势，一定要有必胜的把握，这些士兵才会全力以赴地打仗。再比如，绍兴士兵大多比较听话，能够听从戚继光的命令，不轻易讲条件，但他们明显的弱点是欺软怕硬。如果敌人弱小，他们就会主动出击；但如果敌人表现得较为勇猛，他们就溃不成军。因此，不论是稍微勇猛的处州士兵，还是稍微听话的绍兴士兵，最终都不能完全执行命令，而是会以各种各样的理由放跑敌人。这也成了胡宗宪被弹劾的重要原因，因为浙江抗倭的成果仅仅确保了浙江不被侵扰，而被放跑的倭寇则转而去抢掠相邻省份，并且带着更加丰富的战斗经验。

二是积习已成。虽然这3000名士兵都是新兵，一进入军营便开始接受戚继光的训练，但他们大多来自城市，大多是市井之徒，不仅没有吃苦耐劳的精神，还沾染了狡猾、自私的习性，这让将领们头痛不已。俞大猷、谭纶、戚继光等人能够带领明军取得一定的胜利，很大程度上是因为这3人都是不可多得的军事人才。

这一结论通过各类实战反复被俞大猷、戚继光甚至胡宗宪验证。俞大猷和张经之所以依赖土兵、狼兵，就是这个原因。倭寇战斗力强悍，也是基于这个地域影响战斗力的理论。战国时代的日本，百姓生存环境极其恶劣，这些倭寇以杀人、掠夺为生存方式，早已淡化了人的属性，变成了不折不扣的抢掠机器，一般的士兵当然难以阻挡。但自然总是维持着一种平衡。如果说极端残酷的地缘环境造就了倭寇的恶，那戚继光想要寻找的就是同样由地域因素创造的向上、向善的力量，一种能够遏制甚至毁灭这种邪恶力量的天然之敌。

在义乌发生的一场矿工械斗中，戚继光找到了他一直期待的应该出现在士兵身上的野性。为什么是义乌？可以说，这既是一场偶遇，也是历史的必然。

义乌一直是一个贫苦之地，直到发现了矿产，让不少义乌人看到了致富的希望。但这里的矿产却多次引来外人的觊觎。最严重的一次，当属嘉靖三十七年（1558），那年，永康盐商施文六贩盐经过此地发现了矿产，竟然组织了90余人盗挖。听到消息，陈大成、宋廿六等人率领全族的年轻子弟来阻止，双方继而发生械斗。义乌人为了保护自己的矿产，不管是精壮的青年人，还是老弱妇孺，面对外人的侵犯，都表现得勇猛、剽悍，甚至将生死置之度外。起初，义乌人还比较克制，他们将对方头目抓住后送往县衙，指望着县衙裁判解决。但经过县衙两轮调解，双方都不满意，导致武力冲突进一步升级。直到造成人员死亡后，双方更是彻底放开手脚再无顾忌。最终，在陈大成等人带领下，数百名义乌百姓将盗采的人赶到山上，杀掉为首的人并驱散了整个盗采的团伙。不想，来盗挖矿产的永康人并没有就此退却，反而组织了多轮攻击。面对这种情况，陈大成等人干脆组建了民兵，建立堡垒，保卫矿山。这场壮观的民间械斗持续了近6个月，义乌人表现出来的勇猛让戚继光大为震撼，虽然民间私自械斗并不可取，但他确信，如果军中人人具备这种精神，那么军队必将成为一支悍勇之师。

嘉靖三十八年（1559）八月，戚继光向胡宗宪请示，招募训练义乌兵。有了上次绍兴兵的先例，胡宗宪很痛快地答应了戚继光的要求，命令戚继光立即前往义乌募兵。

戚继光将招兵之事告知金华知府，金华知府只将征兵之事以告示的形式张贴在府衙外。毫无意外，这事并未引起百姓的重视，犹如石沉大海。戚继光便找到了义乌县令赵大河。

在处理此前的矿工械斗事件时，义乌县令赵大河起到了关键的作用。嘉靖三十七年（1558），赵大河担任义乌知县。到任后，他妥善处置了盗采银矿事件，平息了持续6个多月的大规模械斗。因此，赵大河深受陈大成等义乌百姓的信赖和崇敬。在了解了戚继光的来意后，赵大河与他一拍即合。一方面，赵大河对倭寇恨之入骨。他入仕前，自己的家就曾被倭寇洗劫。另一方面，赵大河希望能够帮助义乌人走上正途。虽然义乌人是因为保护自己的权益才与对方殴斗，但双方在那次争斗中已经突破了律法，以后遇到类似情况，难免再有出格之举，若引导不得法，会给地方带来隐患。若是能够让他们上阵抗倭杀敌，便可一举两得。但想要招抚这群彪悍之人，也需要用非常之法。

经过双方细致商议，戚继光很快找到了问题的关键，将目光锁定在

明代银矿的开采及冶炼（节选）
选自《天工开物》日本明和八年（1771）刊本

开采银矿图

沉铅结银图

陈大成身上。陈大成出身于贫苦人家，在他未满 6 岁时父亲就去世了，此后他与寡母相依为命。幼年丧父的陈大成比同龄人更加成熟、机警，也正因此，他备受乡里信任。

为了收服陈大成，戚继光决定同他进行一场公开的比试。陈大成生来就膂力过人，从小到大，他还没有遇到过对手，看着眼前的戚继光，陈大成也没有丝毫惧意。双方来到校场上，戚继光站定后，便要陈大成尽管来攻。陈大成抓起戚继光的衣领便要将他甩出去。岂料他用尽全身力气，戚继光却纹丝未动。他便要伸腿去攻戚继光脚下，只见戚继光灵巧一躲，反手抓住陈大成的手，陈大成还未看清戚继光怎样发力，便已经倒在地上了。这一回合，戚继光毫无悬念地取得了碾压式的胜利。戚继光伸手将陈大成扶起，便又站在那里，让陈大成重新选择比试的形式。

比武
选自《清明上河图》〔明〕仇英　收藏于辽宁省博物馆

"不必了，将军，小人认输，愿为将军效犬马之劳！"陈大成知道，眼前这人有真本事，若能追随此人，自己也可以出人头地。戚继光打败了这个义乌的灵魂人物后，义乌招兵之事变得顺利起来。陈大成将百姓们聚集起来，戚继光慷慨陈词，向百姓们阐述招兵抗倭的民族大义。在陈大成的带领下，乡民们积极投军。正当戚继光为征兵之事高兴时，赵大河又给他出了一个好主意。那次殴斗，陈大成带领的义乌百姓只是其中一方，而那矿工首领王如龙也是异常凶悍。况且这些矿工人多势众，大多数人也只是为生计所迫，受人蛊惑而参与盗采矿产的。如今，他们已经跑到深山中去了，若是单纯对他们加以处罚，只会影响这些人的生计。正当戚继光与赵大河打算深入山区搜寻这些矿工之时，矿工们已经得知了戚继光正在招兵抗倭的消息，他们在王如龙的带领下，主动走出深山，纷纷前往戚继光的营地投军。见此情景，戚继光与赵大河大喜过望。赵大河积极运用自己的影响力协助戚继光，使得这次招兵行动顺利开展起来。

见到前来投军者络绎不绝，戚继光便放开手脚精挑细选起来。戚继光的招兵标准，融合了他多年的治军经验，不但注重所选士兵的出身和素质，更有一些明确的不能录用的标准。其中最重要的一条，是不选城市中的油滑之人。戚继光向负责招兵的人员强调，那些心怀不轨、狡猾之徒往往神色游移不定，因此一旦遇到面色苍白、动作过于敏捷的应征者，就应将其排除在外。相对地，他主张优先招募那些来自农村的朴实之人，那些人通常肤色黝黑，身材魁梧，脸和手掌皮肤粗糙，明显带有从事农业劳动的印记。当然，除了这类特别的条件，年过四十的人、胆子过小及胆子过大的人也不能录取。即便选拔标准如此严格，戚继光还是在义乌成功招募了4000人。

第二节 缔造劲旅

新兵选毕,戚继光迫不及待地开始训练兵士。

第一环节,戚继光称之为"束伍"。在他后来撰写的《纪效新书》中,这也是开篇内容。对这4000名士兵的编制,戚继光也突破了旧例。根据明军以往的编制,士兵会被编入固有的营、部、司、局、旗、队等组织当中。而戚继光在义乌招募士兵后,重新制定编制,以"队"作为基础战斗单位,每"队"由12名士兵构成。戚继光先选出军官,再由军官选择自己的部下,采取自上而下的选兵之法,从哨官、哨长到队长逐级选出,然后再统一进行审核和整编。

最后,这4000人以各种各样的理由更加自由地联系在了一起,比如,同期当兵的、同乡的,或者家乡相邻的、之前相识的。总之,就是让有关联的士兵组成一队,队内的士兵不再是陌生人,也不需要经历由陌生到熟悉的过程,他们有了更多成为真正的战友的理由。在管理上,戚继光要求军官对自己所选士兵的所有行为负责,也就是连坐,这样的设计在一定程度上解决了士兵缺乏团队意识的问题,便形成了层层节制、组织严密的新型军队。戚继光还将这种亲缘、地缘上的关联加在了整个新军之上。为了让所征士兵安心服役、方便管理,他特意奏请赵大河为监军。为了适应战场需要,戚继光还设置了炊事兵,从而确保军队能够"糇粮备而退有宿饱",满足了士兵的基本生存需要。

在做好一切基础工作之后,嘉靖三十八年(1559)十一月,戚继光

紀效新書卷一

明　戚繼光　撰

錢唐許乃釗信臣　校

束伍篇第一

治眾如治寡分數是也，分數者治兵之綱也，束伍者，分數之目也，故以束伍爲第一，由此而十萬一法，百陣一化，咸基于此。

原選兵

兵之貴選尚矣，而時有不同，選難拘一，若草昧之初，招徠之勢，如春秋戰國用武日久，則自是一樣，選法方今天下承平編民怯戰，車書混同，卒然之變，自是一樣選法大端創立之選勢在廣攬分揀

《紀效新書》（節選）
〔明〕戚繼光

带领这支新军来到台州灵江边，开始了全新的训练。

戚继光认为，现在军队里有了可以舍生互助的同袍，又解决了战时的生存需要，接下来就可以开始单兵训练了。对于单兵，他又将训练内容分为耳目、手足、心三个方向。所谓耳目，就是统一听从号令。戚继光认为，明军战斗力低下的一个主要原因在于号令不清。在战场之上，突发状况数不胜数，士兵本来就慌乱不堪，这个时候如果没有明确的号令，众将士无疑会更加混乱。一旦主将的号令无法高效传达，将会造成不可挽回的损失。因此，戚继光设计了一套统一的军用信号，包括号炮、号笛、喇叭、锣鼓、旗令等全方位视听的传令方式。为了保证传令效率，戚继光甚至规定了各级军官、士兵的传令标准动作，只有对这些信号、口令等进行严格训练，才能达到令行禁止的目的，从而改进士兵临阵作战的反应速度。

以上这些措施都是保障团队协作的，通过这些训练，士兵们足以凝聚成一个团体。在冷兵器时代，最为关键的要素无疑是单兵作战能力，戚继光将其概括为"练手足"。首先，他强调体能训练，目的是让士兵们拥有一个强健的体魄，因为只有身体素质过硬，才能在战场上持续战斗和快速移动。其次，戚继光提倡教授武艺，通过系统的训练，提高士兵的个人战斗技巧和战术运用能力，从而使其在一对一或小规模的战斗中占据优势。最后，他强调对装备的熟练掌握，确保每个士兵都能够得心应手地使用各种武器装备，这样不仅能够提升战斗效率，还能在很大程度上提高士兵在复杂战场环境中的生存概率。

作为一名大明的普通战士，通常会有以下武器装备——鸟铳，用来远距离杀敌和传递信号；镖，即标枪，在当时，由于鸟铳受到技术限制，士兵不能很快完成装弹、上膛，仍然需要其他武器补充，这时候就要用到标枪，它可以远距离投掷，起到击杀远处敌人的作用；接下来是

第三章 锻造劲旅

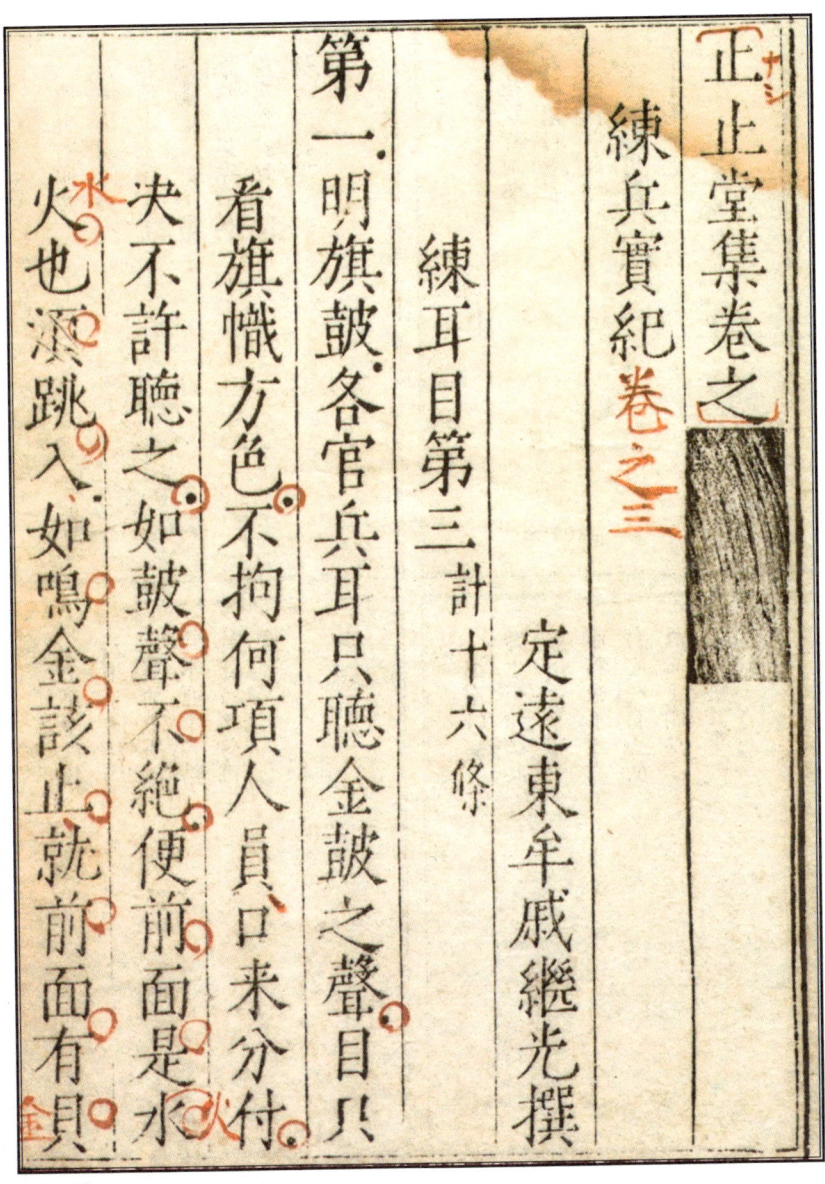

《练耳目》（节选）
选自《练兵实纪》〔明〕戚继光

習法

四夷賓服勢
乃中平鎗法為六合鎗之主作二十四勢之元妙變無窮自古迄今各械鮮有當其鋒諸勢莫可同其趣

夜叉探海勢
乃持鎗行立看守之法遇敵變勢臨機應用無不中節

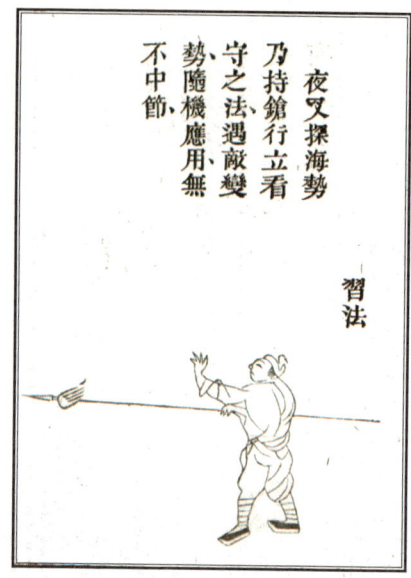

十面埋伏勢
乃下平鎗法門戶緊於上平機巧不亞中式精於此者諸勢可降

指南針勢
乃上平鎗法其類用近乎中平而著數不離六合之變有心演悟二十四勢之中可破其半

教授武艺（节选）
选自《纪效新书》〔明〕戚继光

腰刀和藤牌，骑兵配备腰刀用于冲杀，步兵配备腰刀用于近身搏斗，藤牌则是用来防御；绳，即火绳，是用来点燃火药的导火索，长达数米，士兵随身携带用以爆破，可以攻城或者摧毁敌人的工事、据点；倭刀，是倭寇经常用的一种武器，戚继光、俞大猷等将领认为其优于明军传统兵器，因此也在军中大量配备。当然，对于以上多种武器，士兵们不必全部熟练掌握，而是根据各自的分工，掌握与自身职责相关的几种武器即可。

即使耳目、手足皆备，练兵还不能算作成功，因为还有最重要的环

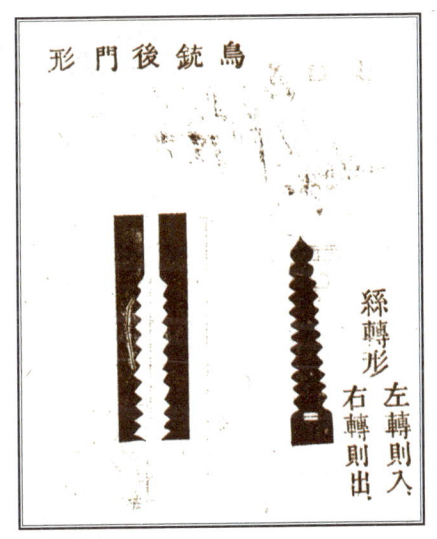

鸟铳
选自《纪效新书》〔明〕戚继光

鸟铳，也被称为鸟枪，是指明清时代的火绳枪，它在明朝嘉靖年间传入中国。与传统的管状火器不同，鸟铳具有照门、照星、铳托和铳机，并能够双手同时握持进行射击。由于它能击落飞翔的鸟类，因此得名鸟铳。明朝范景文在《师律》中提到："后手不用弃把点火，则不摇动，故十发有八九中，即飞鸟之在林，皆可射落，因是得名。"此外，它又名鸟嘴铳，因为其点火结构在点火时如鸟嘴啄水。

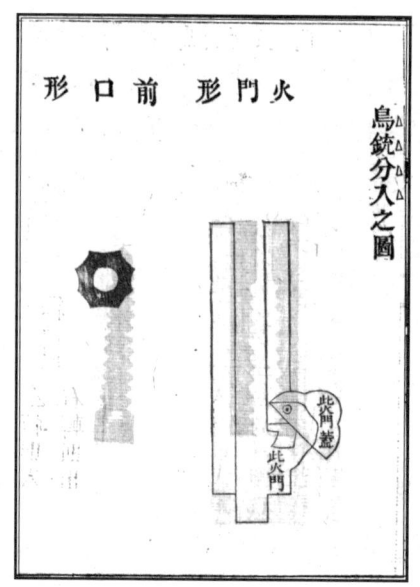

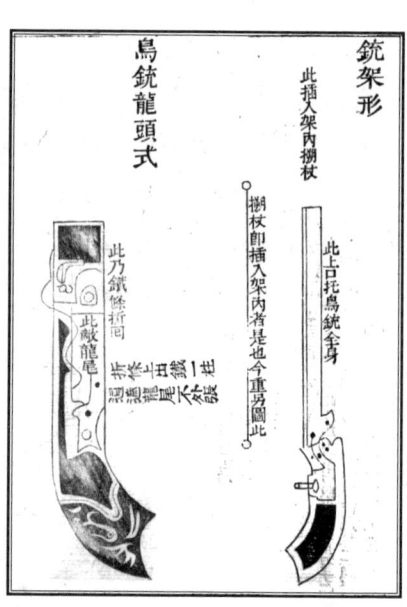

鸟铳 ▲
选自《纪效新书》〔明〕戚继光

藤牌 ▶
选自《纪效新书》〔明〕戚继光

藤牌是指由藤制成的防护盾牌。在古代战场上，这是一种用于阻挡敌方武器，如刃、矢、石等的护身装备。它呈圆形，中心部分向外凸出，内部设有两个藤制环，手臂可挽，此外，藤牌还有横木，方便手持。在北方，盾牌主要由木材、铁和皮革制成，形状为长方形或梯形。在广东湛江，当地居民主要使用的是圆形藤制，称为藤牌。藤牌的流行与各类武器的训练相结合，它要求使用者既要有防御能力，又要有进攻能力，需要有勇气、力量及灵活的步伐。通常的武术练习包括使用矛盾对打、单刀盾牌进攻，以及用三节棍与盾牌刀进行对抗等。

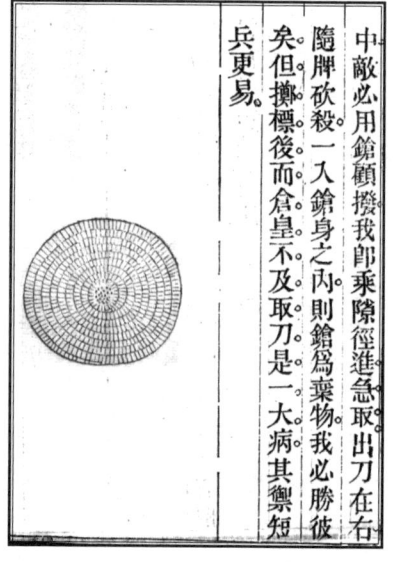

节，那就是练心。所谓练心，就是提高士兵的胆量和勇气，并使士兵亲附统帅。除了惩罚，戚继光在奖励士兵上也很大方，重赏之下必有勇夫，戚继光掌握了提升士兵勇气的全部要诀。练心的训练环节是最难的，但也是戚继光最擅长的。不论是此次招募的4000余人，还是未来戚继光所带领的军队，都对他忠心耿耿，表现出了惊人的团结。

戚继光认为，纪律也极为重要，他严格规定了士兵、军官应该受到惩罚的各种情形，全面加强了对这支队伍的纪律约束，他不能让土兵、狼兵曾经的教训在自己的新兵队伍中再次发生。鉴于明朝卫所军纪松散，自己所招的义乌兵大部分是农民和矿工的实际情况，他在训练中始终坚持战术战斗训练与纪律训练相结合。为使义乌兵做到严格纪律、严格节制、统一号令，他制定了严格的军纪和奖惩制度。

戚继光熟读兵法，他练兵所追求的正是《孙子兵法》中提到的"治众如治寡"的境界。通过选兵、编组、授器三个环节，这支新军已经达到了战时"兵虽百万，指呼如一人"的水平。在严明的军纪约束和赏罚分明的制度激励下，一支即将名垂青史的钢铁之师呼之欲出。

然而，戚继光练兵还有最重要的一个环节——练将。他认为，军队将领是决定战争成败、百姓安危及军队存亡的核心要素。所以，练兵的关键在于练将。戚继光知道，大明军队需要自己这样的将领，然而，仅有一个戚继光是远远不够的，也需要如俞大猷、谭纶这样的优秀将领。可即使他这个级别的将领个个优秀，依然是不够的。他想要手下的军官都具备优良的军事素养，不但能够复制他的成功经验，甚至能够发展自己的成果。

于是，戚继光开始从德、才、识、艺四个方面培养手下的将领。第一要务就是正心术。戚继光从小深受儒家思想影响，他给将领们"正心术"的办法就是教授儒家经典，让他们树立家国天下的思想，考虑问题

練兵實紀卷之二

定遠東牟戚繼光撰

練膽氣第二〔計四十三條 將二十二條 卒二十一條〕

第一辯真操 夫陳師鞠旅列眾于塲謂之操。練爾等知之矣殊不知教塲操練不過明金皷號令習射打擊剌手藝之能此等事不是在人家房門院牆內做得故能够光明坦荡。他还要求将领们树立远大志向。他认为，只有志向足够远大，人们才不会被利益、得失等羁绊，才能有更加宏大的格局。因此，在练将的时候，戚继光大力提倡"忠义之理"，要求手下的将领们对国家尽忠，对人民尽义，怀揣"守土卫国"的志向。他认为，一名称职的将领最大的忠义，就是在战场上为国家和人民而战，因为只有忠义之士才会愿意为国家赴汤蹈火、无所畏惧。同时，他要求将领们要将这些理念灌输给士兵们，确保全军思想统一、团结一致，从而训练出他心目中的理想军队。

戚继光认为，作为将领的另一个重要品质就是爱士卒。戚继光与俞大猷在与人交往的方式上有一个很不同的地方。俞大猷在与人交往时，始终有一种让人难以靠近的"分寸感"。这从他写给戚继光的信中很容易看出来，他称呼比自己小25岁的戚继光为"戚公"。而戚继光则不然，他每到一处，都能迅速与周围的人打成一片，他更是以这样的魅力收获了手下士兵的崇敬与爱戴。正是因为"爱士卒"，他的军队才能在并不太平的大明与其他将领带领的军队明显区分开来，形成一个更团结的团队。

在注重对将领进行德育教育的同时，戚继光也要求手下将领学兵法、习武艺。在全面而深入的治军练兵实践过程中，戚继光不仅提升了军队的整体作战能力，还培养出了一批杰出的义乌籍将领。这些将领包括陈大成、王如龙、陈子銮、娄楠等，他们的人生轨迹因此发生了翻天覆地的变化，从平凡走向了辉煌，在历史上也留下了深刻的印记。这些将领在后来的岁月中，为稳定大明边疆做出了不可磨灭的贡献。义乌军队在这些将领的带领下，展现出了前所未有的勇猛和战斗力，他们的壮举在中华民族悠久而灿烂的历史画卷上，留下了浓墨重彩的一笔。

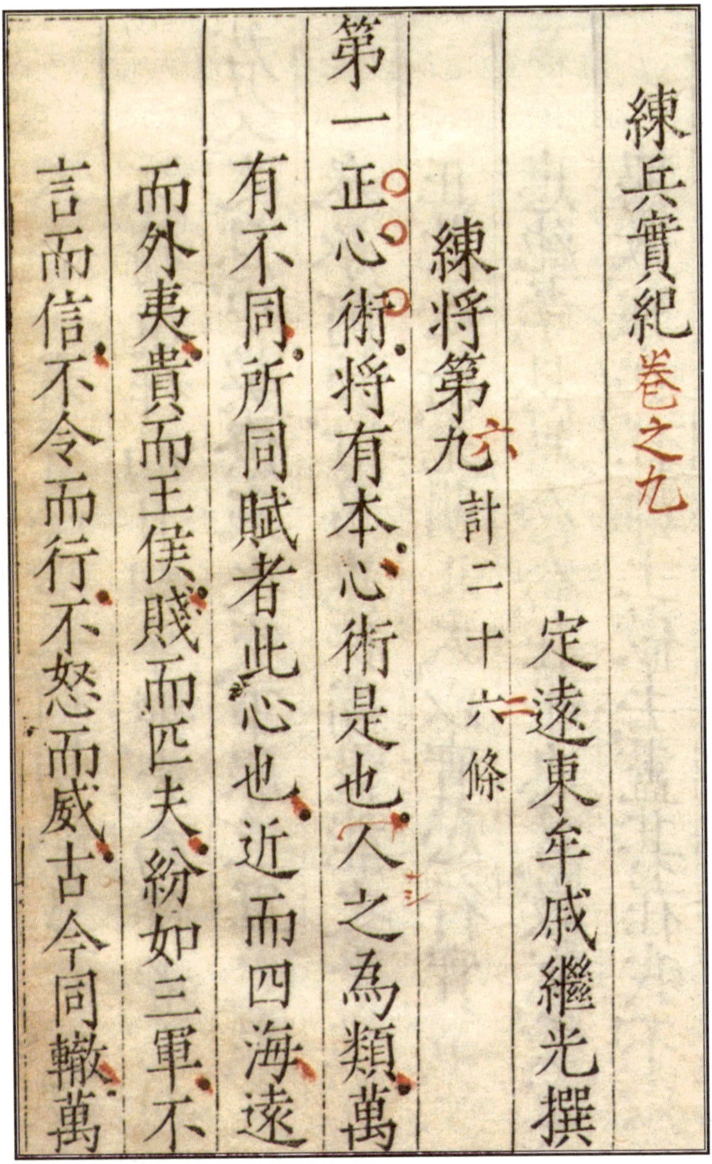

練兵實紀卷之九

定遠戚繼光撰

練將第九 計二十六條

第一 正心術

將有本心術是也,人之為類萬有不同,所同賦者此心也。近而四海遠而外夷,貴而王侯賤而匹夫,紛如三軍,不言而信,不令而行,不怒而威,古今同轍,萬

《練將》（节选）
选自《练兵实纪》〔明〕戚继光

第三节　鸳鸯奇阵

有了好的兵员,就能保证胜利吗?答案不是绝对的,戚继光就不这么认为。经过戚继光的精心训练,这些本来素质就不错的义乌兵表现出了与以往军队很大的不同。他们不但遵规守纪,更有民族大义,受到了百姓们的欢迎。在作战中,他们表现得十分优秀,不仅不怯战,而且拥有强悍的作战技术。

在与倭寇交锋数次之后,戚继光敏锐地意识到,经过严格训练出来的士兵,尽管每次都能以勇猛的姿态战胜敌人,但代价往往是巨大的。他们虽然杀敌众多,可是自己也损失惨重。戚继光回顾了自龙山战役以来的多次抗倭战斗,总结了所有可能存在的问题。其中,倭寇本性残暴是一个不可忽视的关键因素。正如之前提到的,倭寇主要由日本武士和浪人构成,他们以杀戮和掠夺为生,性格极端凶狠,并且精通近距离格斗。通常情况下,一个日本人要精通武士刀,需要至少5年的严格训练,这使得经验丰富的倭寇在战场上表现出极强的战斗力。

通过研究实战,大明的将领们有了意想不到的发现。在近身搏斗时,倭寇的刀很少与明军的武器相碰——换句话说,他们比明军有着更高的攻击效率。他们出刀时极其冷静迅速,多数情况下都是用倭刀来攻击而不是防御。他们经常能看准时机,专门攻击明军士兵没有盔甲保护的柔弱部位,在实战中做到不击则已,一击必杀。明代著名军事家、测绘家郑若曾在《筹海图编》中对倭寇的招式有过简单的描写,其中一招名叫"袈裟斩",体现了倭寇的狠辣。这一招正是日本剑道实战中最为常用的招式——斜斩。它是从对手右上肩膀位置(这也是人体软弱部位)向左下腰腹斜斩,因造成的伤口像僧人的袈裟,故而得名。

义乌兵经过戚继光的严格训练,尽管在战场上表现出了勇猛顽强的战斗精神,可是由于训练周期较短,加上原本是朴实的农民和矿工出身,他们的战斗力与那些以战斗为职业的日本武士和浪人相比,仍然存在显著差距。让义乌兵与日本人近身死战,无疑是对这些优秀军人极大的浪费。而且,明军在武器装备上没有任何明显的优势。从龙山之战开始,明军在与倭寇近身战斗中往往伤亡惨重,而造成这种局面的重要原因便是武器装备的落后,久而久之,导致明军在心理上畏惧倭寇。戚继光认为,武器落后必然会严重削弱战斗力,如果强行与敌人作战,就是等于把士兵置于敌人的屠刀之下。痛定思痛,戚继光决定,先改进武器,再改进战法,以确保自己的士兵能够占据绝对的优势,并建立必胜的信心。

既然倭寇的倭刀很厉害,那就在倭刀的基础上借鉴、革新、改造,找到能够对抗倭刀的武器。戚继光发明了筅,也叫狼筅或者狼牙筅,这种武器以"节密枝坚"的大

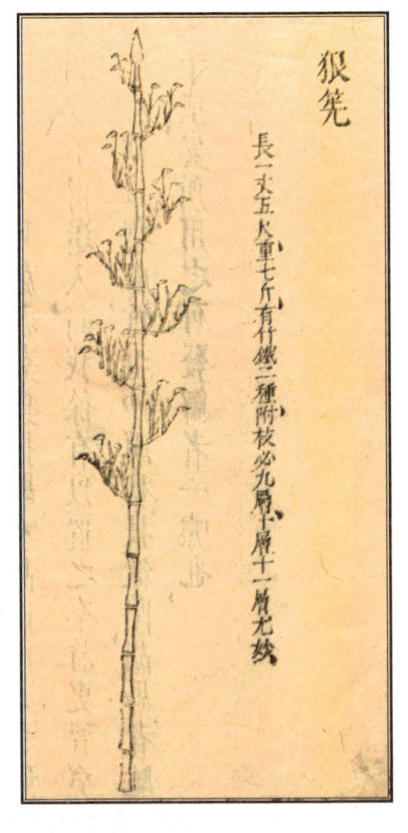

狼筅
选自《武备志》明刊本 〔明〕茅元仪

毛竹作为主体，削尖竹头，并在竹枝的主体上留9至11枝小叉。后来，戚继光将这种武器推广到北方的抗蒙战场上，并改用铁制。戚继光还发明了"赛贡铳"和"自犯钢轮火"等火兵器，这些兵器都曾在战场上发挥过巨大的作用。

单从武器上下功夫，还是不足以完全战胜倭寇。倭寇不仅懂得兵法，而且在战法上也很先进。在岑港之战时，倭寇的"一字阵"与"川字阵"，给明军带来了巨大的麻烦。郑若曾在《筹海图编》中指出，倭寇擅长摆出"长蛇阵"和"蝴蝶阵"。所谓"长蛇阵"，实际上就是"一字阵"的纵向排列，形成一条长蛇般的阵型。每个阵列由30人组成，阵列的开始和结束位置都安排了队伍中最为强悍的战士，而中间部分则是强弱交替。这种阵法强调的是首尾相连，实战时，如果敌人攻击阵列的前端，后端便迅速支援；反之亦然。如此一来，即便阵列中间不是最强大的，也能同时获得前后两端的援助。此阵法的核心在于构建一个机动性强的战斗队伍。所谓的"蝴蝶阵"则特别强调统一指挥。在阵中，持扇者即为该阵法的领导者，他利用扇子的挥动来指导队伍的行动。阵法预先设定了多种特定的扇形，而阵型会随着扇形的变化而改变。明军若不理解扇形的含义，往往会在对方突袭时感到困惑和无助。

嘉靖三十九年（1560）正月，戚继光向唐顺之请教，并将其《武编》中的鸳鸯阵改进成了可以抵御倭寇的新"鸳鸯阵"。新鸳鸯阵通常以11或12名战士为一组，组成一个紧密协作的战斗单位。在阵型的最前方，会设置一名经验丰富的队长，他负责整个队伍的指挥。队长的身后紧跟着两名牌手，他们手持长盾牌，这些盾牌通常由坚固的材料制成，能够有效地抵御倭寇发射的重箭和长枪等远程攻击武器。这些牌手不仅在防御方面发挥着重要作用，而且会携带短刀等近战武器，以便在敌人逼近时能够迅速转换为攻击模式，发挥出强大的近战能力。紧接着,在长盾牌的掩护下,还会有牌手使用轻便的圆形藤牌,这种藤牌虽然不如长盾牌坚固,但在灵活性和机动性方面具有优势,使得牌手能够更加灵活地应对战场上的各种情况。在牌手之后,阵型中会安排两名狼筅手,他们手持狼筅这种长而锋利的武器,能够在保持自身安全的同时,有效地击杀逼近的倭寇,保护整个阵型的安全。狼筅手之后,会设置长枪手,他们主要负责远程攻击,利用长枪的长度和穿透力,在战斗中刺杀处于长枪攻击范围内的敌人。在长枪手之后的两名战士是镗钯手,镗钯是一种既可攻击又可防御的长柄兵器,在长枪手攻击未果的情况下,镗钯手能够迅速上前补位,击杀那些试图突破长枪防线的敌人。而整个阵型的最后,是装备短刀的短刀手,他们负责在敌人突破防线时进行最后的抵抗和反击。新鸳鸯阵巧妙地结合了长蛇阵首尾呼应和蝴蝶阵协调划一的特点,通过不同武器的合理搭配和战士之间的默契配合,有效地弥补了单兵素质上的差异,使得整个队伍在战场上能够发挥出强大的战斗力。但戚继光作为一个特别注重因地制宜的将领,在面对不同敌情时,带领士兵运用不同武器也是完全可能的。

鸳鸯阵这种作战阵型,主要有三个优势。

其一便是攻防兼备。阵中的盾牌、狼筅主要负责防御,盾牌可以抵挡敌人刀剑,狼筅则能将敌人抵御在安全范围之外。长枪、镗钯及短刀等则是攻击型武器。其中长枪负责远程击杀,镗钯或短刀则负责近战,既可以保护长枪,又能有效击杀附近的敌人。相比于实战经验丰富、单兵作战能力突出的倭寇,这种战术把牌、筅、枪、钯等多种武器有机结合在一起,既能有力进攻又能有效防御,从而改善了明军面对倭寇的被动局面,使整体战斗力超越了牌、筅、枪、钯等任何一种武器单独使用时所能达到的战斗力。

其二是阵型多变化。鸳鸯阵还可以根据不同地形和战场形势演化

鸳鸯阵

选自《纪效新书》〔明〕戚继光

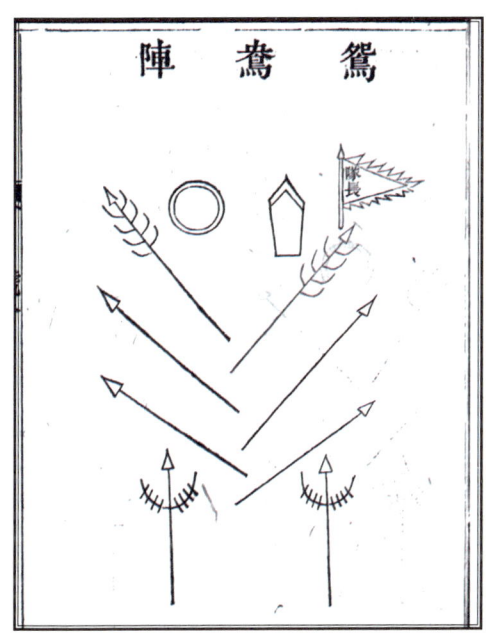

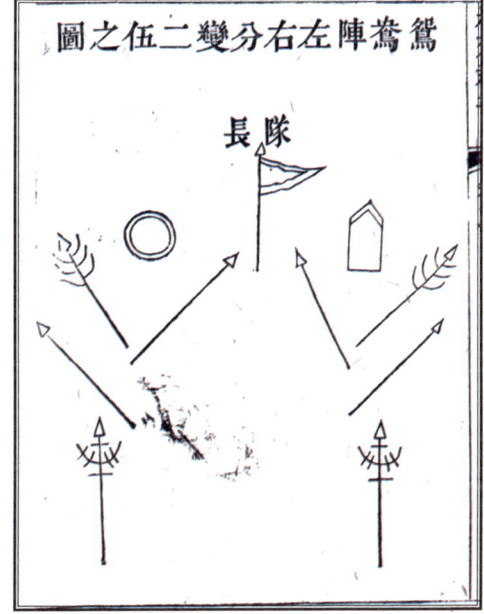

"鸳鸯阵"中,第一排由右到左依次为队长、立牌兵和藤牌兵;第二排是两个狼筅兵;第三、四排是四个长枪兵;第五排是镋钯兵。这样,鸳鸯阵的基本布置就完成了。

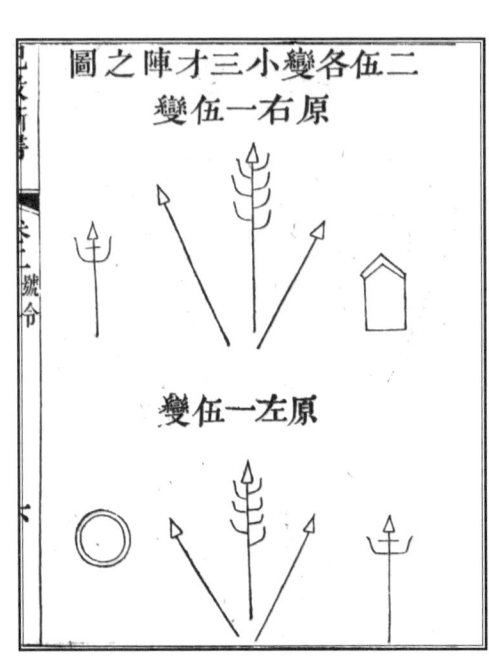

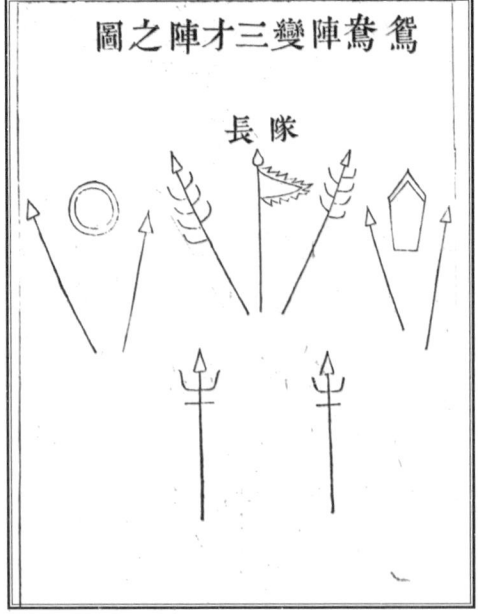

鸳鸯阵

选自《纪效新书》〔明〕戚继光

第三章 锻造劲旅

为"变鸳鸯阵",且变化形式多样。实战中,阵型可以变成横阵,也可以变成2~3个小阵,这些变阵也有相应的名字,左、右两个阵的称为"二才阵",左、中、右三个阵的则称为"三才阵"。

其三是人尽其才,提升整体战斗力。尽管义乌兵的整体素质较高,但也不可能做到素质整齐划一。戚继光便将突破点放在了兵器配备、训练策略等方面。在士兵的训练上,他讲究因材施教,根据士兵的特质,给他们分配不同的兵器,赋予他们不同的职责。那些高大魁梧、强壮有力的士兵是长牌兵的好苗子,他们作战经验丰富、胆大心细,更易被培养出高超实用的杀敌防护技能。而藤牌兵则擅长投掷标枪,经戚继光悉心训练,他们甚至能在30步之外将标枪精准地投进铜钱中间的小孔。这些标枪高手不仅能在倭寇尚未近身的时候投标枪杀敌,为整个阵型争取先机,还能在近战时迅速抽出横插在藤牌中的腰刀,与长牌兵巧妙配合,保护队长、狼筅兵和长枪兵,从而弥补其他兵种在进攻锐利但防守薄弱方面的不足。这种完美的诸兵种结合方式,使得人尽其才,有效降低了对单个士兵全种类军事技能的要求,士兵可以更专注于自己擅长的领域,从而极大地增强了军队的整体战斗力。

其四是可以因地制宜。戚继光的鸳鸯阵是结合南方丘陵起伏、水网密布的地形特点而精心设计和创立的战术阵型。他曾经说过,鸳鸯阵是根据浙江的地形特点,以及倭寇的出没规律等设计出来的。最开始,鸳鸯阵只针对与倭寇的陆战,后来,戚继光不断改进,使之同样适用于对倭寇的海战,甚至可以被用来北上抗击蒙古骑兵。在实战中,戚继光还将鸳鸯阵与鸟铳、弓弩、火箭等远程武器相配合,使之威力更强。

嘉靖四十年(1561)五月十日,戚继光率领军队在保卫台州府城的花街战斗中,首次利用鸳鸯阵大败倭寇,取得了台州保卫战的胜利。这场战斗,明军擒获、斩杀敌人310人,而自身阵亡的只有3人。

此后，戚家军运用鸳鸯阵在抗倭战场上几乎战无不胜。在上峰岭战役中，明军歼灭2000多名倭寇，斩首349人，而自身仅阵亡3名士兵；横屿之战，明军全歼1000多名倭寇，其中捕获和斩首377人，自身仅有13人阵亡；牛田之战，明军捕获和斩首698名倭寇，自身无一名士兵阵亡；平海卫之战，明军斩首2451名倭寇，自身仅16人阵亡；仙游之战，明军斩首498人，自身阵亡24人。在后来的林墩之战中，戚家军损失最为惨重，哨官周能等69人阵亡，但同时捕获和斩首倭寇973人，"焚溺数千余徒"。这场战斗之所以损失惨重，是因为带路的向导私通倭寇，他故意将戚家军引入一个对战斗极为不利的地带，导致戚家军无法充分发挥鸳鸯阵的优势。

鸳鸯阵的意义或许正在于此，不论历史如何变迁，它创造的辉煌战绩都昭示着戚继光的功绩，铭记着中国抗倭史的辉煌，更彰显了中华民族的智慧和永不屈服的民族精神。

第四节　戚家神军

如果戚继光知道他倾尽全力打造的军队被后世称为"戚家军",他大概不会为此感到骄傲。戚继光所期望的并不是用这支军队来标榜自己的功绩,更不希望这支军队只因自己的存在而强大。他希望的是以这支军队为开端,绥靖整个大明边疆,缔造一个不败的大明。然而遗憾的是,他创造的开端并没有在这个行将就木的朝代延续下去,"戚家军"的传说,如孤星般永远地留在了历史的那个片段当中。

这支军队虽被后世称为"戚家军",但它实则是不折不扣的国家军队。与以往军队不同的是,它是募兵制的军队,也正因如此,戚继光对它倾注了无数的心血,使它明显区别于同时代及以后很长的历史时期里的大部分军队。从招募训练义乌兵开始,戚继光就像爱护自己的孩子一样地爱护这支军队。而这些义乌兵也不负戚继光的期待,经严格训练后,这些义乌的农民和矿工视国如家,奋勇杀敌,他们转战浙闽各地,所向披靡,所到之处,倭寇闻风丧胆。而统率4000余名义乌兵的戚继光因此声名远播。此后,这支军队不断被借调他处作战,戚继光也抓住一切机会,不断壮大这支队伍。

在扩充兵员方面,戚继光与俞大猷不同,他能让自己的领导、同僚都站在自己一边。戚继光的这支军队能够不断壮大,与他历任领导的支持是分不开的。嘉靖四十年(1561)五月,赣州、吉安等地受到巨寇林朝义等人的侵扰,而当地的军队与大明大部分军队一样,实在没有力量与之抗衡，致使赣、吉等地寇患日益严重，"甚至五六贼追杀数千官兵，无一人敢反戈相向者"。因此，江西官员请求胡宗宪派兵帮助剿灭。这个时候的胡宗宪已然是同僚们最羡慕的对象了，因为他手下的戚继光战无不胜。最终，胡宗宪决定派戚继光率所部士兵入赣剿寇。而戚继光也适时地抓住了机会，在入赣之前，上疏《兵机十事》，强调此次作战"新旧实收战兵非五千不可"。利用这次机会，戚继光手下的军队得到了有效的补充，人数得以扩大到5000人。

从江西剿寇归来之后不久，嘉靖四十一年（1562）七月，戚继光又被胡宗宪派往福建。在福建剿倭期间，这支军队再一次得以壮大。到了入闽时，部队人数已经达6000人。同时，除了戚继光的6000人部队，都府中军都司戴冲霄所率领的2000人队伍也参与入闽剿倭。虽然这两支队伍在作战前是独立的，但在戚家军因战斗减员之后，戴冲霄的队伍便被用作戚继光的补充部队。戚继光带部队回到浙江后，福建刚刚平息的倭患再次加剧。朝廷命令俞大猷、刘显等将领率军剿灭倭寇，同时命令戚家军再次进入福建抗倭。此时，谭纶已调任福建巡抚，在他的支持下，戚继光再次扩编了队伍人数，"分为上下二班，每班务足九千名"，总计约18000人。相对于第一次入闽时的6000人，戚家军人数增加了两倍有余。

戚继光后来带兵驻守北部边疆时，戚家军又得到了有力的扩充。隆庆二年（1568），戚继光调任蓟镇，与谭纶共同担负起练兵和备虏事宜。这时，由于自己的种种军事设想无法落实，戚继光一方面练兵，另一方面上疏请求将自己的旧部调往蓟镇。隆庆二年（1568）五月，朝廷同意了谭纶和戚继光的请求，从浙江招募3000鸟铳手赴边。八月，这支3000人的鸟铳手队伍到达蓟镇。隆庆五年（1571）八月，经蓟辽总督刘应节出面，朝廷批准了戚继光调遣南方士兵来蓟镇的申请，一边遣返那些思乡心切的士兵，一边招募来自绍兴、宁波、金华、台州的新兵，以补足9000人的编制。在隆庆年间，得益于谭纶、刘应节等人的协助，戚继光得以将自己的老部队逐步调往蓟镇。明神宗即位后，张居正开始执掌朝政大权，戚继光在张居正的支持下，又一次招募浙江的士兵前往蓟镇，以加强边防。隆庆、万历时期，戚继光在蓟辽总督的支持下，确立了浙兵轮班戍边的制度。参与其中的浙兵大概有21000余人，都是戚继光在浙闽训练的士兵。在戚继光驻守蓟镇之后，这支军队更有被称作"戚家军"的理由了。

除了兵力上的持续扩充，这支军队的主要将领也被打上了明显的戚继光烙印。他们继承了戚继光的军事思想，在军事上有着明显的"戚氏风格"。他们有的人与戚继光有着千丝万缕的联系，有的人在仕途上与戚继光息息相关，在大明南抗倭寇、北境却虏中发挥了重要的作用。

胡守仁一直是戚继光的左膀右臂。他跟随戚继光抗倭却虏，从百户历任游击、参将等职位，后升任蓟镇东路副总兵，直至福建总兵、贵州总兵。在义乌练兵后，这支军队中义乌籍将领就占据了绝大部分。比如，在义乌争矿事件中起到很大作用的陈大成，被戚继光召入麾下后，一直跟随戚继光转战浙闽，军功卓著，历任台州卫指挥佥事、浙江中军都司等职务。由于陈大成年龄较大，因此他并没有跟随戚继光北调蓟镇，而是转任四川游击，最终因病死于任上。

再如，同样是在争矿械斗事件中的矿工首领王如龙，当戚继光在义乌募兵时，他率领手下众多矿工一同参了军。王如龙作战勇猛，在历次战斗中都立有军功，谭纶称赞王如龙"不忘死绥之义，撄锋决战，遂伸破竹之威"。由于"义乌兵"在"戚家军"中人数最多，跟随戚继光的时间最久，因此深得戚继光的信任。这些被戚继光发掘的优秀人才，也被他一步步地培养成为独当一面的优秀将领。

在这样的背景下，虽然戚继光本人并没有将这支大明军队打上自己烙印的主观想法，但当时复杂的政治环境使得外界将戚继光手下的大部分将领看作他的个人势力。戚继光也曾因力保犯错的将领而被弹劾，这也导致在他的仕途走到尽头时，这支军队没有能够续写传奇。

"戚家军"的伟大在于，它的功绩已经烙印于历史的画卷之中，它的传奇让人无法复制，却又无限向往。

在相邻的朝鲜半岛，"戚家军"的传奇也是如传说一般广为流传。

与大明一样，朝鲜半岛也曾深受倭患困扰。在万历二十年（1592），日本统治者丰臣秀吉因为朝鲜拒绝与其联合进攻大明帝国，而对朝鲜发动了战争。这场战争在朝鲜的历史上被称为"壬辰倭乱"。同年五月，朝鲜民族英雄、全罗左水使李舜臣率领水军出海，与日军展开了激烈的对抗。在交战中，李舜臣指挥水军成功地击退了日军的进攻，并且摧毁了大量敌军的船只，为朝鲜夺得了制海权。由于朝鲜水军力量的牵制，侵朝日军面临补给困难的处境。然而，当时的朝鲜由于长期武备废弛和兵力羸弱，无法彻底地击败日本军队，战场上的局势逐渐变得对朝鲜不利。在这样危急的时刻，朝鲜向明朝紧急请求派兵援助。七月，明朝政府经过慎重考虑，最终决定出兵朝鲜，派遣游击将军史儒、张国忠、马世龙等指挥辽东的将士们，作为先头部队，跨过鸭绿江，前去支援朝鲜。八月，明朝又任命了兵部右侍郎宋应昌为朝鲜经略，以进一步支援朝鲜的战事。到了十月十六日，明朝任命李如松兼任防海御倭总兵官，持续增加对朝鲜的援助力度。最终，明朝从全国范围内调集了大约四万的兵力，组成了强大的援朝大军，分三路进入朝鲜。援朝明军不负众望，成功帮助朝鲜取得了这场战争的最终胜利。

平壤之战后，浙兵声名大振，从此朝鲜上下竟然一致认为"若请兵，则当请浙兵可也"。这里提到的"浙兵"，就是戚继光训练出来的军队。

  崇祯二年（1629），礼部尚书李腾芳向崇祯皇帝上《进戚继光兵略疏》，此时戚继光已经过世42年了。李腾芳上疏之时，大明王朝正一步步地走近末日。这位老臣看到少主新立，边患蜂起的局面，希望尽自己一切努力拯救这个王朝。他深感当下的大明正经受着生死存亡的考验，当时善战即存，不战即亡。而能否取得战斗的胜利，关键在于将领的选择。纵观大明，能够担起挽救危亡重担的武将已经寥寥无几，如果按照戚继光的治军模式训练军队，以应对即将到来的战争，或许能够为大明带来转危为安的契机。于是，就有了李腾芳的这一奏疏。

  胡宗宪后来对戚继光和戚家军的功绩进行了总结。这位发掘了戚继光的抗倭能臣，对他的属下毫不吝啬溢美之词。同时，作为戚继光抗击倭寇的最大受益者，长期遭受倭寇侵扰的东南沿海居民对戚继光及戚家军的评价也极高。台州老百姓为了缅怀戚继光和戚家军的功绩，在临海东湖小瀛洲竖立了《大参戎南塘戚公表功记》碑，碑文上刻有"其视师也有忠信仁义之怀……心在国家而身先士卒，勇不畏难而谋善断敌"。

第四章

平浙入闽

第一节 台州大捷

自岑港之战后,倭寇侵略浙江时的重要根据地岑港被明军攻陷,而戚继光又在宁波、绍兴一带严密布防,此后,台州便首当其冲,深受倭患困扰。

嘉靖四十年(1561)四月,戚继光的海哨侦察到,倭寇纠集2000余人,分乘50多艘船,正在宁波、绍兴外海试探明军战舰的虚实。不久,这些倭寇分头向宁海、健跳、临海、桃渚、太平、新河、楚门等10余处地方进犯。一时间,浙江多地同时陷入危机。四月十九日,有近千名倭寇从奉化登陆,趁着夜色在宁海大肆劫掠。

面对宁海遭受倭寇侵袭的战况,戚继光保持了冷静。他分析,倭寇对台州垂涎已久,此次进攻的真正目标很可能是台州。倭寇对宁海的攻击,极有可能是一种声东击西的策略。此时若派兵支援,倭寇可能会趁机南下,趁虚而攻占台州。戚家军的主力当时驻扎在海门和松门,距离宁海约300里,若北上支援宁海,后方将变得薄弱;但若坚守不出,宁海将面临巨大灾难,倭寇的计谋确实阴险至极。经过深思熟虑,戚继光决定采取反制策略,既不能让倭寇在宁海肆意妄为,也要确保台州府城的安全。

戚继光在安排妥当了台州府城的防御工作后,才带领2000名主力军于二十二日前往宁海。他将部队分为两部分,一部分用于增强台州府城的防御力量,另一部分则作为海门充足的支援兵力。在海门遭遇倭寇

第四章 平浙入闽

宁海县
选自《筹海图编》明刊本 〔明〕郑若曾

后，戚家军的鸳鸯阵首次亮相了。倭寇第一次遇到这样毫无破绽的阵法，一时间丧失了近战优势，又难以逃跑，仅半个时辰，就死伤惨重，被戚家军斩杀数百人，而严格训练出来的戚家军则无一人阵亡，那些侥幸活下来的倭寇被迫落荒而逃。戚继光在宁海取得重大战果后，火速折师回保台州，他希望能够速战速决，掌握主动。

同样是在二十二日，新河之战爆发了。狡猾的倭寇见戚继光率领部队奔赴宁海方向，料定台州府城空虚，就如戚继光预测般进犯台州。二十三日，数千名倭寇乘舟偷偷登陆大陈（今浙江省台州市椒江区大陈岛），上岸后他们直奔大荆（今浙江省温州市乐清市大荆镇），再由里浦（今属浙江省台州市三门县）进犯桃渚。与此同时，另一股倭寇偷偷在新河周洋港登陆。此后，又有数千倭寇分批从台州沿海多地登陆，企图进犯内陆。

戚继光分析，从北面进犯宁海的倭寇人数庞大，其战略目的在于诱使明军主力出动，同时与从南面侵犯新河的倭寇互相协同作战，这种策略不仅会让明军难以兼顾前后，还为侵扰健跳和桃渚的两路倭寇提供了可乘之机，使他们可以趁虚而入，突袭明军。随着在南面侵犯新河的倭寇数量不断增加，戚家军的后方受到严重威胁。为此，戚继光采取了周密的军事部署，亲自带领军队前往宁海，对抗倭寇的主力部队，并指派协助军务的唐尧臣带领部分兵力前往新河。同时，他向太平县令徐钺和黄岩县令张思善发出指令，要求他们指挥乡兵策应新河的防御。

二十四日，将一切部署就绪的戚继光率军奔赴宁海。途中，侵扰桃渚的倭寇分流来的700多人，与在周洋港登陆的倭寇汇合，突然袭击了新河。在新河所城外，倭寇大肆劫掠并寻机攻城，恐惧氛围瞬间笼罩全城。此时，新河所城内守军很少，青壮年均随军在外作战，留守人员大多数是老弱病残。在这个危急时刻，戚继光的夫人王氏勇敢地站了出

新河所
选自《筹海图编》明刊本 〔明〕郑若曾

来。如果说抗倭的"戚老虎"不好惹,那"戚老虎"家中的王夫人更是惹不起的角色。

这位王夫人与戚继光一样,也是将门之后。虽然王夫人是"女流之辈",但戚继光对她敬畏有加,从而在历史上为她留下了"赫赫威名"。王夫人此时留居在新河,见此危急情势,她将仅剩的守兵汇聚起来,直奔军火仓库。面对看守仓库的"死心眼"的士兵,王夫人坚决地要求他们取出武器和盔甲,并强调这是为了保卫城池。尽管士兵起初坚称没有戚将军的命令不能擅动,但在王夫人的坚持下,最终他们还是将武器和盔甲发放给了城内的居民。新河百姓在王夫人的带领下,身披盔甲,拿起武器,站上城头,在城墙上插满旗帜,整个新河城顿时看起来军备充足、气势高涨。王夫人虽然勇敢,却也不能忽视城中空虚的事实。尽管百姓们严阵以待,但他们只能等待援军。倭寇此时也没有探明虚实,只得继续在城外抢掠,等待机会。

听闻新河危急之后,戚继光命兵备佥事唐尧臣回援新河,自率主力增援宁海,援军最终在二十六日及时赶到新河。

援军抵达新河后,守城军民士气大振,高声呐喊,奋勇作战,与援军形成夹击之势,最终击退了倭寇。败退的倭寇急忙向城南寺前桥鲍家大院逃去,企图顽抗到底,但在傍晚试图突围时,再次被明军击败。夜色降临,戚家军利用黑暗发起围攻,超过百名倭寇被鸟铳杀伤。那些再次从包围圈中逃脱的倭寇,在夜色掩护下逃往温州方向,但随后被胡守仁、张元勋等部明军追击,伤亡无数。这场战役,新河军民打得酣畅淋漓,消灭倭寇500余人,而戚家军只有3人阵亡。

新河战役大胜后,侵扰桃渚的倭寇仍不甘心失败,准备偷袭台州府城。他们从桃渚经靖江山(今属浙江省临海市)偷偷南下来到离台州府城2里远的花街,花街战役就此打响。从二十二日奔赴宁海开始,戚家军仅带了3天军粮,一路上又不停奔袭行军并与倭寇恶战,军粮早已吃完了。戚家军本就锐不可当,现在对倭寇的怒火更盛。2000名士兵在戚继光的指挥下,空腹连夜急行军70里,跨越了桐岩岭。到了二十七日中午之前,他们比倭寇先一步抵达了府城。戚继光随即下令,进入台州城之后,士兵们才能进食。城内饭还没做好,倭寇就到了,他们突袭至靖江山下,潜抵花街,距城仅有2里之遥。此时的戚家军已经对倭寇愤恨到极点——侵扰我家乡、抢掠我财物、屠杀我同胞,现在居然不自量力直奔我主力而来,连顿饭都不让我们吃?!将士们一个个目露凶光,一副要啖其肉、饮其血的模样。在戚继光的指挥下,还没等倭寇走近,明军的鸟铳已经对倭寇形成了火力覆盖,一波远程射杀后,倭寇已经大乱。不死心的倭寇依然以原来的阵型继续向前逼近,期待发挥近战优势。但戚家军已经结成鸳鸯阵,让倭寇找不到任何破绽。倭寇面对这种12人一组、手持各种怪异兵器的明军阵型,仿佛面对从未见过的杀戮机器,不仅找不到任何突破口,还被对方默契的配合及出其不意的招式逐个击破。这场战役明军收获很大,生擒了贼酋2人,斩首308级,倭寇落水死亡者无数,还解救了5000余名被掳的百姓,而戚家军只有哨长陈文清等3人阵亡。

在前几天的二十五日,有一股倭寇乘坐18艘帆船趁着夜色悄然靠近浙江沿海,船上满载着2000多名穷凶极恶的倭寇。他们选择在健跳所的圻头(今浙江省宁波市宁海县越溪乡圻头村)登陆。为了提升士气,这些凶残的敌人在上岸后竟将船只焚毁,随后开始一路掠夺,急速前进,至五月一日,他们已经抵达台州府城东面的大田镇。战事紧迫,戚家军没有时间休整,戚继光会同丁邦彦、陈大成等将领,率领1500名士兵迅速赶到大田岭设伏。由于连续两日的大雨,双方都未敢轻举妄动,只能相互对峙。到了五月三日,倭寇的士气开始下降,他们意识到

健跳所

选自《筹海图编》明刊本 〔明〕郑若曾

第四章 平浙入闽

难以攻占台州，便打算沿山路逃走。戚继光预料到了他们的溃逃路线，在倭寇必经的上峰岭设下埋伏，成功歼灭了大部分倭寇。随后，戚家军在朱家大院围剿了那些侥幸逃脱的倭寇，并最终将他们全部消灭。在这场战役中，尽管戚家军长途奔袭，但还是取得了决定性的胜利，仅以3名士兵阵亡为代价，全歼了2000名倭寇，解救了1000多名被掳的百姓。战斗结束后，戚家军胜利返回台州府城，城中的民众出城20里迎接，欢呼声震天。

此后，在戚继光的带领下，戚家军又取得了楚门、大小藤岭等战斗的胜利，可以说，只要戚家军出战，倭寇必定狼狈逃窜。

在四月到五月期间，戚家军在宁海、新河、花街、上峰岭、楚门、隘顽湾、藤岭、长沙及洋岐等地，连续与倭寇进行了九次水陆大战，每次都取得了辉煌的胜利。他们成功解救了超过一万名被掳掠的民众，而戚家军自身的伤亡人数不到20人，在明代抗击倭寇的历史上，创造了最辉煌的战绩。戚继光在台州的九次战斗中全部获胜，这一系列胜利被后世誉为"台州大捷"。战后，戚继光将活捉的倭寇头目当众正法，对全军有功的将领论功行赏，为有功的将士上表请功，极大地鼓舞了军民士气。而倭寇受到重创，甚至断绝了再次进犯台州的念头。

九月，胡宗宪上疏，称戚继光"台民共倚为长城，东浙实资其保障"，戚继光因此实授都指挥使。

楚门所
选自《筹海图编》明刊本 〔明〕郑若曾

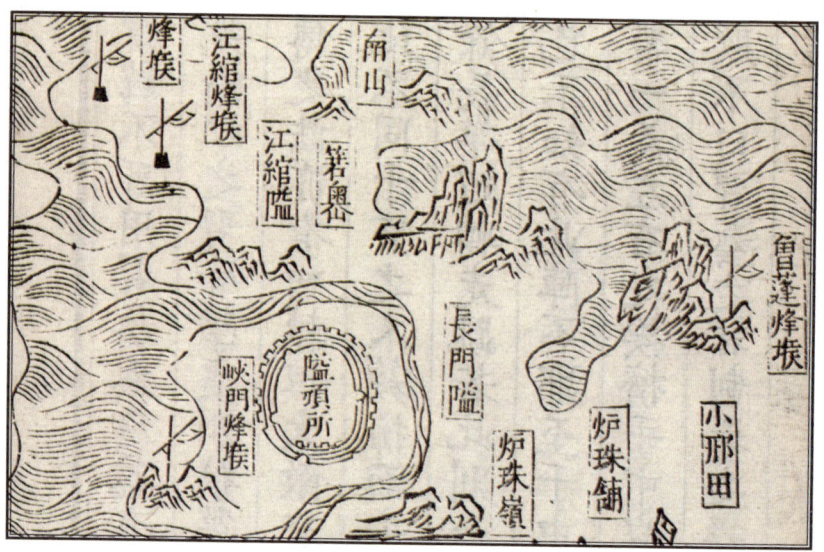

隘顽所
选自《筹海图编》明刊本 〔明〕郑若曾

第二节　横屿歼敌

倭寇在疯狂侵扰浙江的同时，也在福建沿海大肆劫掠。当戚家军沉重打击了浙江的倭寇之后，大量倭寇转而南下福建，导致福建的倭患越来越严重。面对严峻的形势，福建巡抚游震得上书朝廷，请求派兵支援福建。

嘉靖四十一年（1562）七月，朝廷派戚继光率军6000人，督府中军都司戴冲霄率军2000人，以副使王春泽为监军，共同率军南下增援福建。

戚继光很快就发现，福建前线的抗倭形势比浙江更为复杂严峻。浙江的倭寇属于流寇，由于没有固定的巢穴，他们在劫掠沿海城镇过后，会返回日本，因此短时间内不会再回来。而福建的倭寇在宁德横屿和福清烽头两处构建了坚固的据点。建立了这些据点之后，倭寇就不用每年在中国和日本之间长途往返，因此他们对当地的危害更大，倭患也更加严重。

于是，戚继光决定先攻克倭寇的两个沿海据点。

横屿岛是福建宁德县东部的一个小岛，距离宁德县城大约有20里，岛的西面距离大陆较近，大约有5里，涨潮时一片汪洋，退潮时虽然会有一条淤泥路，但是泥泞不堪，难以通行。不过，即使是这条淤泥路，每天出现的时间也并不长，因此想要从陆路上岛非常困难。横屿岛因地势险要、易守难攻，成为倭寇在福建沿海聚集的重要据点之一。此时，倭寇已经盘踞该岛长达三年之久，并在岛上构筑了众多防御设施，导致宁德一带，方圆300余里，三年间几乎不见人迹。

八月五日，戚继光率军到达金垂渡（今属福建省宁德市蕉城区），次日到达东墙铺，在这里修筑木栅工事。戚继光命令把总张谏驻扎东墙铺，以防范敌人的偷袭。他率军继续前行至东山铺，将戴冲霄所部留在此地作为策应。而后，戚继光率军进入宁德县城。此时的宁德县城已经成为废墟，戚继光见到城中凄凉的景象，发出了这样的感慨：

孤城已复愁还剧，草合通衢杂藓痕。
废屋梁空无社燕，清宵月冷有悲魂。

宁德县
选自《福建省海岸全图》〔清〕佚名　收藏于日本国立国会图书馆

第四章　平浙入闽

戚继光又命令张岳部一部驻扎石壁岭，与驻扎在东墙铺的张谏互为策应，防止敌人逃跑。布置就绪后，戚继光命水军张汉部将战船停泊在横屿岛外的海面上，以切断倭寇的海上逃亡之路。

为了防止有奸民与倭寇私相勾结，戚继光着手肃清那些长期以来依附倭寇的汉奸。

一日，戚继光正忙于军事部署、抓捕奸民首恶，突然有两名村民前来投降。

戚继光问道："你们叫什么名字？从哪里来？"

两人回答："李十板、张十一，从横屿来的。"这横屿正是倭寇据点之一。

"听说你们两个人是来投降的？"

"禀大人，我们听说大人亲率大军前来剿灭倭寇，我们不愿意和倭寇死在一起，所以就偷跑出来投降了。"

"胡说！你们两个人的事情早就有人向我举报过，他们说你二人长期以来依附倭寇，干尽坏事，罪不容赦。我还没来得及抓你们，你们反倒是自投罗网，你们肯定是倭寇的奸细！来人啊，把这两人拖出去砍了！"戚继光其实并不了解二人，但自己初到福建，便有人来降，未免过于蹊跷，他不得不防。

没想到，这二人被戚继光的气势震慑，立刻叩头如捣蒜，求饶道："大人饶命！大人饶命！我们确实是倭寇派过来刺探大军底细的，我们再也不敢了！求大人饶命！"

"饶了你们，当然可以……"

二人没想到，戚继光竟然能够这样轻易放过自己，连忙磕头道谢。

"不用急着谢我，你二人还需戴罪立功！"原来，戚继光此刻已经有了灭倭良计。戚继光命李十板和张十一将朝廷即将剿灭倭寇的消息带回去，那些原先依附倭寇，害怕朝廷用兵的百姓便打消了顾虑，纷纷向戚继光投诚，主动为军队效力。

此时，戚继光剿倭之事已经是沸沸扬扬，但横屿岛上的倭寇却丝毫不惊慌，甚至扬言道："等明军走上5里泥地来到我们面前，早就已经精疲力竭，哪还能作战呢？说不定刚走到一半，潮水就来了，那时候他们就不得不撤军。就算是明军到了横屿岛，我们从山上挥刀直冲而下，谁能阻拦？"在他们看来，横屿岛就是一座攻不破的堡垒。

这些问题，戚继光又怎会想不到呢？他早已有应对之策——"负草填泥"。戚继光命令士兵收割野草并扎成草捆以备后用。同时，他又详细了解了横屿岛的潮汐规律，待退潮时，他指挥士兵架设"草桥"涉渡泥滩，巧妙地解决了通行问题。

在八月八日凌晨，戚继光带领军队向盘踞横屿岛的倭寇发起进攻。明军分为两个部分，其中一支队伍由戴冲霄指挥，李十板担任向导，从东山铺出发直指横屿岛；另一支队伍则由戚继光、王如龙、吴惟忠带领，张十一作为向导，从兰田渡（今福建省宁德市蕉城区兰田村）出发，目标也是横屿岛。抵达兰田渡后，戚继光指示王如龙带领部队控制港尾（今福建省宁德市蕉城区拱屿村），以阻止敌军溃逃。紧接着，戚继光亲自指挥陈大成、吴惟忠、陈子銮、童子明等部队趁着退潮，穿越泥泞的滩涂，向既定的登陆点进发。

清晨，天刚开始蒙蒙亮，戚家军便已集结完毕，准备对横屿岛发起进攻。士兵们每人负草一捆，匍匐前进，一边前进一边用草填泥，逐渐在泥滩上铺设出一条道路。为了让士兵保持充沛的体力，戚继光下令，每前进100步，战鼓就暂时停下，士兵休息一会儿，然后整顿好队形继续前进。如此数次之后，戚家军逐渐接近对岸。

看到戚家军逐渐接近横屿岛岸边，倭寇慌了，匆忙在岸边摆好阵势，随时准备把戚家军赶下海。戚继光命令陈子銮、童子明率军直接冲击敌人在岸边的军阵，吴惟忠率部直取敌人的巢穴，陈大成率部绕道袭击敌人的侧背。正当双方鏖战之时，本来在港尾驻守的王如龙向戚继光请战。得到戚继光的允许后，王如龙率部迅速冲入战场，将倭寇尽数消灭。很快，戚家军便焚毁了倭寇的巢穴并收兵返回。戚家军得胜回到大陆后，潮水才开始上涨，淹没了泥滩。此战，戚家军生擒倭寇29人，斩首348级，有600多名倭寇被烧死、淹死，被掳的800多名百姓被解救。此外，还有很多倭寇想要从海上逃跑，结果遭到了明军水军的阻截和捕杀。

八月九日，戚继光率军返回宁德。第二天，戚继光亲自到军营里慰问受伤的士兵。此战，戚家军仅仅阵亡13人。

几天后，便是八月十五中秋节了。虽然取得了胜利，但戚家军的士兵屯驻野外，物资匮乏，面对中秋圆月，远离家乡的戚家军士兵们难免生起思乡之情。

中秋节这一天，戚继光召集了几百名士兵，向他们口授了一首歌曲：

万众一心兮，太山可撼。
惟忠与义兮，气冲斗牛。
主将亲我兮，胜如父母。
干犯军法兮，身不自由。
号令明兮，赏罚信。
赴水火兮，敢迟留！
上报天子兮，下救黔首。
杀尽倭奴兮，觅个封侯！

戚继光领唱，众人齐唱，声动天地！

一时间，将士们感到无比荣耀，为民杀敌本就是苦差事，面对如此振奋人心的胜利，背井离乡之苦又算得了什么？戚家军的气势瞬间又高涨起来。

九月，朝廷正式下诏褒奖戚继光和戚家军横屿之战的功勋："参将戚某，忠惟许国，勇可冠军。纡筹策而允合于机宜，冒矢石而深入于险阻。兵无妄杀，动有成功，庶几节制之师。倭贼两破县城，结巢横屿，为患已久。今浙兵进剿，巢穴尽平。县治克复。奏内，效劳人员委当录叙，以劝其功云。"

第三节　奇袭牛田

横屿之战结束后,戚家军迅速补充兵力和武器装备,为下一场战斗做准备。

福建倭寇的据点除了已经被消灭的宁德横屿岛,还有一个是在福清烽头。在消灭了横屿岛的倭寇后,戚继光率军向福清烽头一带进发。盘踞在福清的倭寇有数万之众,声势浩大。当得知戚家军向福清进军之后,倭寇集中到牛田(今福建省福清市龙田镇)一带,并在附近的杞店、上薛、西林、目岭、葛塘、新塘、闻读等处建立据点。这些据点串联起来,如同一条蜿蜒的长蛇,连绵30余里。这一地区山岭多,小路纵横,倭寇可以从各个方向对明军进行侧击。这种复杂的地理条件给戚家军的进攻带来了很大的困难。

嘉靖四十一年(1562)八月二十九日,戚继光率军到达福清。他担心倭寇会经石塘向长乐山一带逃跑,于是先派1000人占据石塘,又独自一人骑马登上大乌岭(今福建省福清市南偏东),瞭望敌人的据点。

九月一日,戚继光、王春泽、汪道昆等人召集各将领,召开作战会议。针对在横屿之战中暴露的各种问题,戚继光指出:"在先前的战斗中,各部队间缺乏团结,因此今日必须结盟。"他备好了鸡、酒,下令宰杀鸡,并将鸡血混入酒中。戚继光举起鸡血酒,郑重宣誓:"若有人不齐心协力、倚仗权势争功、贪财或袖手旁观、心怀嫉妒,愿受惩罚,有如此血!"言毕,他一饮而尽。其他将领也跟随他,轮流宣誓结盟。

接着，戚继光与将领们在院内互相行礼，相互鼓励。最终，戚继光再次召集大家，宣誓道："作为将领，职责是至死不渝。若你们不尽力，我只能固守本职，绝不会宽恕。"通过这样的激励，众人精神振奋，都表示将同心协力，消灭倭寇。

接下来，众人开始商讨进军的方略。将领们互相推让，汪道昆看着戚继光说："上一次您的部署就非常好，今天免不了又要劳烦您了。"戚继光也没有推辞，很快就制订好了方案，将它交给王春泽，再由王春泽分发给各位将领执行。

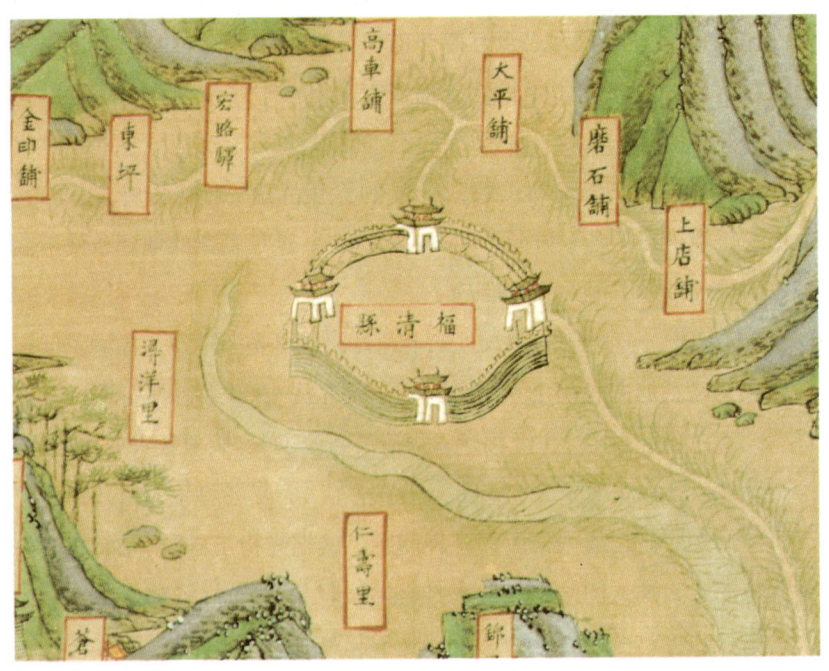

福清县
选自《福建省海岸全图》〔清〕佚名　收藏于日本国立国会图书馆

第四章 平浙入闽

在这场关键性的战役中,戚继光展现出了他卓越的军事才能。他精心制订了作战方案。戚家军作为主力部队,而福建明军则作为辅助力量,共同组成了一支强大的军事力量。戚继光将部队分为四路,以进攻不同的方向,确保能够全面打击倭寇。其中,他指派戴冲霄带领6支精锐部队,从仓下(今福建省福清市苍霞村)出发,向牛田发起攻击。而戚继光本人则亲自率领另外6支部队,从锦屏山(今属福建省南平市)出发,分别向杞店、牛田、闻读3个倭寇主要聚集地发起进攻。为了防止狡猾的倭寇利用戚家军兵力分散的时机,绕到明军后

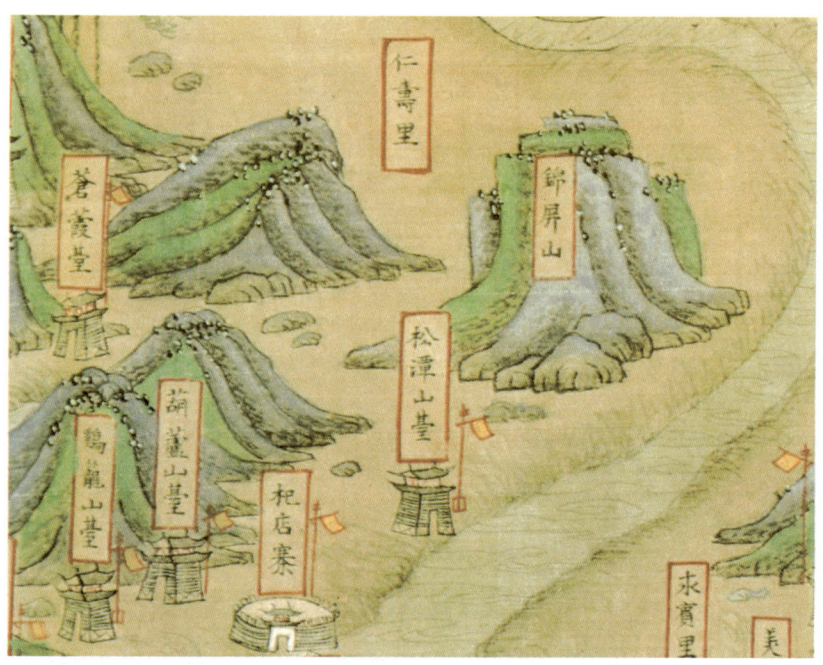

锦屏山—杞店
选自《福建省海岸全图》〔清〕佚名　收藏于日本国立国会图书馆

方进行偷袭，戚继光还预先令施明赐、童子明率部在西林、木岭等地区布置了伏兵，以确保后方的安全。曹南金督率鸟铳队担任先锋。同时，为了防止倭寇在战败后逃窜，戚继光还命令驻防福建的明军在田原岭、渔溪、上迳等关键地点布防，与戚家军互相配合，确保能够彻底歼灭所有试图逃窜的倭寇。

计划已定，明军各部队按照预定部署出发了。行军路上，海口（今福建省福清市海口镇）的老百姓扶老携幼，在路上迎接戚家军，并向戚家军哭诉倭寇的暴行，请求戚家军立即消灭倭寇。对于这些受苦的百

海口
选自《福建省海岸全图》〔清〕佚名 收藏于日本国立国会图书馆

姓，戚继光自然是好言安抚，但是他怀疑其中可能混有倭寇的间谍，因此，他向民众宣告："我军远道而来，士兵疲惫不堪，必须养精蓄锐，等待最佳时机，才能彻底铲除倭寇，这不是短期内能够完成的任务。"戚继光深信，即便这些人中没有倭寇的密探，他的话语也会迅速传入敌人的耳中。

当天夜里，戚继光整顿队伍，悄然出发。他命令士兵们衔枚而行，马匹裹蹄，悄悄地来到了距离杞店只有 7 里的地方。戚继光发现，倭寇把很多路都挖成了堑壕。但戚继光早有准备，他提前让每个士兵准备好一捆草，这样在遇到堑壕时，士兵们便可以填草而过。行军途中，戚家军遭遇了十几名倭寇的侦察兵，便迅速将他们斩杀，防止有人逃回去通风报信。

倭寇在听说了戚继光并不急于求战之后，果然放松了戒备。此时，杞店的倭寇还都在睡大觉。在夜幕的掩护下，戚家军静悄悄地接近杞店的外围，并将其团团围住，以确保没有一个倭寇能够逃脱。接着，朱珏和金科踩着王如龙的肩膀，轻巧翻越杞店高墙，进入内部，迅速打开了大门。随后，戚家军蜂拥而入。睡梦中惊醒的倭寇，面对这突如其来的攻击，完全猝不及防，根本组织不起来有效的抵抗。戚家军士兵奋勇杀敌，迅速而果断地歼灭了这些倭寇。战斗结束后，戚家军将倭寇的巢穴彻底焚毁，然后胜利返回了锦屏山。

在回到锦屏山之后，戚继光通过审讯俘虏得知，倭寇将要对戚家军发动偷袭，于是立刻命令部队严加防范。戚继光先是派出赵记、孙廷贤率军在四处布设潜伏哨，然后命令朱珏带领 300 名善用弓弩火器的士兵，每人带上铁蒺藜，在山口埋伏起来。戚继光对这 300 人说："等侦察的士兵回来，你们立刻把铁蒺藜撒在路上。虽然这些东西挡不住敌人，但是可以迟滞敌人的速度。只要敌人行动迟缓，我们就有机会集结各路人马消灭他们。"

次日黎明，哨探果然发现有700多名倭寇衔枚疾进，骑兵在前，步兵在后，向戚家军驻地快速前进。幸好戚继光早有准备，倭寇一进入伏击圈，戚家军就鼓号齐鸣，弓箭和子弹如同雨点般射向倭寇。戚继光得知战斗开始，立刻率领大部队出击。由于倭寇在来的路上踩到了铁蒺藜，很多人的脚都被扎伤，因此行动迟缓，很快就陷入了戚家军的包围。

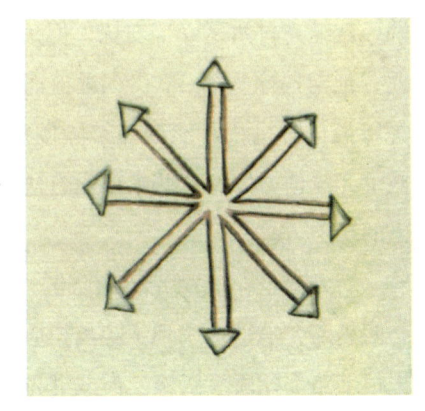

铁蒺藜
选自《治平胜算全书》〔清〕年羹尧

蒺藜是中国古代军用的铁制尖刺的撒布障碍物。战国时代，中国就已经开始使用铁蒺藜。在古代的战场上，铁蒺藜被撒在地面上，目的是延缓敌方的进攻。某些铁蒺藜的中心部位有孔洞，可以用绳子将其串联起来，方便铺设和收集。

倭寇虽然死伤惨重，但是依然负隅顽抗。见此情景，戚继光亲自开炮，同时命令王如龙率部从正面进攻，胡大受率部从倭寇的侧背发起进攻。当时有一名倭寇头目，身披金甲，手拿大刀，骑着一匹白马，他一边跑一边从口袋里掏出大把大把的金银撒在地上，想引诱戚家军士兵捡拾金银，自己好趁机逃走。但是，军令严明的戚家军士兵根本不管钱财，他们脚踩金银继续前进，迅速把这个倭寇头目斩于马下。其他倭寇也难以支撑，戚家军如同秋风扫落叶一般将剩下的倭寇全部歼灭。

戚家军乘胜进攻，直捣倭寇牛田大营，倭寇布阵迎战。戚继光命令王如龙担任先锋，吴惟忠、胡大受各自率部从两翼进军。戚家军士兵个

第四章 平浙入闽

个奋勇作战，势如破竹，牛田、上薛、闻读等倭寇巢穴先后被攻破。此时，戴冲霄也率部赶到，两支部队互为犄角，夹击倭寇，一直追到新塘。倭寇溃不成军，四散逃跑，明军则分路追击。戚继光在阵中立起一面白旗，凡是到白旗下面缴械投降的胁从之人，全部免于一死。就这样，几千名被倭寇裹挟的中国人保住了性命。

当时占据西林、目岭的倭寇在听闻前方兵败如山倒的消息后，惊恐不已，遂向上迳桥一带逃跑。驻守在上迳桥的明军参将根本没想到戚家军的胜利会如此迅速，当时他还披着衣服光着脚，正在屋子里休息。由于毫无防备，倭寇一来，他手下的士兵根本无法抵挡，明军陷入一片混乱，纷纷向后方逃走。这名参将也仓皇而逃，军装、文书全部都丢了，直到戚家军赶来才保住了性命。来自西林、目岭的数千名倭寇就这样向泉州、惠安方向逃去。此战，戚家军斩首672级，俘虏10名倭寇头目，大量倭寇被烧死，几千名被胁从的中国人投降。此外，他们解救被掳的百姓954人，戚家军则无一人阵亡！

第二天，戚继光检查了被解救的民众，在确认其中没有隐藏的倭寇之后，将他们全部释放。事后，戚继光率军将缴获的倭寇兵器和斩杀的倭寇首级置于队伍前面，大队人马紧随其后，金鼓齐鸣，举行了隆重的凯旋仪式。四方士民都赶来庆贺，他们对戚继光说："盘踞这里数年的倭寇，一日之间就被将军消灭。如果没有将军，就没有福建的今天，将军的恩德福建人民没齿难忘。"于是大家就让画师来为戚继光画肖像——他们想建立祠堂，把戚继光供奉起来。

见此情景，戚继光说："我之所以能有今天的成功，是因为上有巡抚大人总督全局，中间有护军统筹调度，下有地方供应粮饷，前方还有士兵冲锋陷阵，我在中间任职，靠的就是他们，所以请不要因为赞誉我而伤了众人的心。我世世代代受国厚恩，今天即使有一点微不足道的贡献，也不足以报答国家，哪里敢谈什么功劳呢？我又哪里担得起福建人民的生祭呢？"于是，戚继光厚赏并送走了画师。

牛田之战，戚继光率军在不到一天的时间里行军数十里，攻破倭寇多个坚固设防的据点，歼灭大量敌人，己方却无一人阵亡，整个过程干净利落，可以称得上是军事史上的奇迹。

第四章 平浙入闽

第四节　强攻林墩

牛田惨败之后，一部分倭寇逃到了泉州惠安。此时，极度缺乏粮食的倭寇已处于穷途末路之境，因为一路溃逃，无处掠夺，又无险可守，且很多胁从者，不愿跑太远。于是，倭寇转进至兴化府城南的林墩（今福建省莆田市黄石镇林墩村），并决定在此固守。

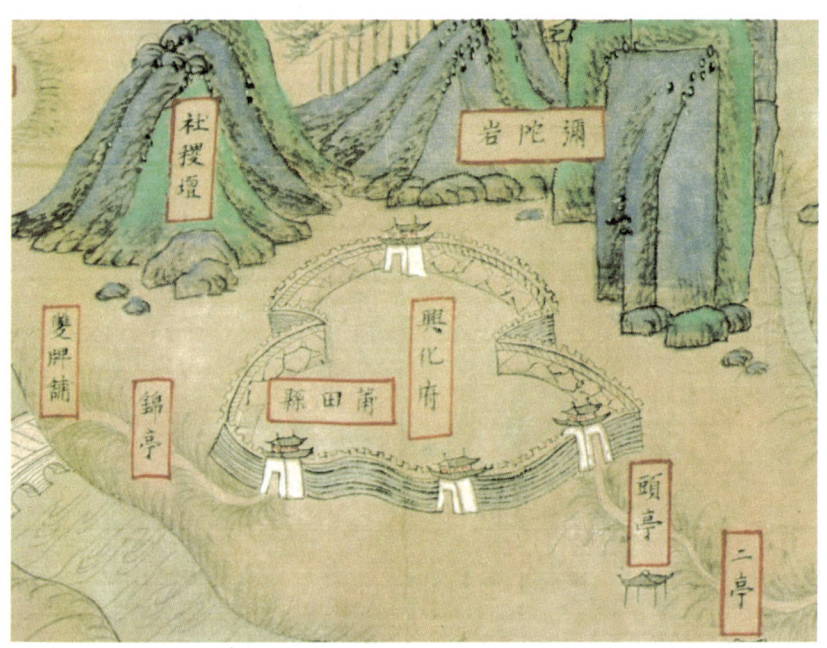

莆田
选自《福建省海岸全图》〔清〕佚名　收藏于日本国立国会图书馆

林墩四周河道纵横,北面是木兰溪,上面只有一座宁海桥;西北只有一条小路通往兴化府城;南面也只有一条路通往黄石。除了这几条路,其他陆路都很难接近林墩。

得知倭寇逃窜至林墩,戚继光迅速采取行动。嘉靖四十一年(1562)九月十二日,戚继光带领戚家军从福清出发,急行军70里,到达了烽头和江口,并在那里安营扎寨。尽管他们与倭寇之间的距离仅有30里,戚继光依然进行了周密的军事部署。为了能够迅速歼灭倭寇,他决定将部队分为两路进行攻击。其中一路由1600名士兵组成,他们直接向涵头(今福建省莆田市涵江区)进发,在九月十四日拂晓之前秘密前进至宁海桥,然后沿着黄石大道向林墩方向挺进,以阻止倭寇向

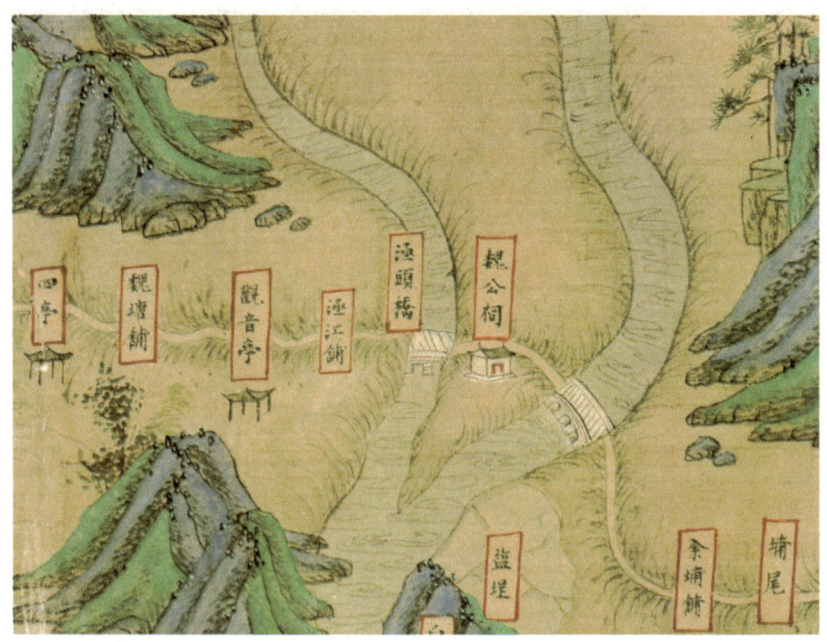

涵头
选自《福建省海岸全图》〔清〕佚名　收藏于日本国立国会图书馆

北方逃窜。另一路则是戚继光亲自率领的4000名精兵强将,他们绕道兴化府,迂回到林墩的南边,随后沿黄石大路向林墩发起进攻。这样一来,两路军队便能够形成夹攻之势,对林墩的倭寇形成致命的威胁。戚继光下令两路军队以鼓声作为进攻的信号,在九月十四日的拂晓时分,同时发起猛烈的攻击。

九月十三日早晨,戚继光率军由江口出发,绕道小路到达囊山寺,后到达兴化,进城宿营。

当时,福建福宁道分守参政翁时器也在兴化,便赶来迎接戚继光。他对戚家军屡战屡胜的战绩非常好奇,于是旁敲侧击地问戚继光:"将军接下来准备怎么办?"戚继光说:"追击穷寇和刚来的倭寇,方法是不一样的。刚来的倭寇人多势众,士气甚锐,攻打他们不能着急,必须做好准备,堂堂正正地打败他们,打掉他们嚣张的气焰。但是穷寇都是惊弓之鸟,如果行动慢一点他们就跑了,所以要以迅雷不及掩耳之势打败他们,今天我们面临的就是这样的形势。"翁时器对戚继光的策略深表赞同。

等到军队全部入城之后,天色已晚,人马所需的各种物资都还没准备好,但戚继光命令全军都别忙活了,等明天再说。等所有士兵都在民户家里安歇下来,戚继光便设宴款待兴化城内的士绅,表示今晚将会休息,不再进军。戚继光如此表现,连戚继光身边的人都相信了他,倭寇的间谍更是深信不疑,相信戚家军今晚不会有行动。半夜,戚继光突然下令所有士兵带着食物到东市集合。戚家军乘着月色,衔枚疾进,由阳城、青浦再行15里后到达西洪。月色很亮的时候,戚继光就命令士兵就地吃饭休息;月落之后,戚家军又行进了5里,在拂晓时分接近了倭寇的巢穴。此时,倭寇忽然发现明军已至,急忙出营列阵,准备迎击明军。

戚继光原计划带领军队沿着南边的黄石大道攻向林墩,然而负责带路的向导却有意将明军引入了西洪地区狭窄的小径,使得黄石大道成为了倭寇逃跑的路径。从西洪至林墩,沿途布满了纵横交错的沟渠和环抱的溪流,仅有的几座小桥成了唯一的通行方式。但当时倭寇已经拆毁了所有的桥梁,戚家军士兵只能徒涉河流,越过沟渠。由于道路狭窄,全军只能鱼贯而行,行军艰苦异常。

倭寇在林墩附近据桥防守,河边到处都是巨石,戚家军大队人马难以渡河登岸,所以只能强攻这座小桥。这里地形狭窄,戚家军无法全部展开,有力使不出,只能以先头部队少数兵力和倭寇交战,作战形势非常不利。戚家军前哨官周能不幸战死,前队34人伤亡,后队金福部损失过半。双方激战良久,戚家军三进三退,始终无法占领小桥。其他士兵见状便强行渡河登岸,与倭寇展开激战。

此时,在林墩北面宁海桥负责拦截倭寇的张谏及其部下,听到南面战鼓声响起,便迅速发动攻势。倭寇受到前后夹击,渐渐不支,开始向林墩村内撤退。尽管如此,仍有部分倭寇顽强抵抗,他们转而攻击戚继光部队的后方。后方数百名士兵突遭倭寇袭击,顿时陷入混乱。在这紧要关头,戚继光镇定自若地指挥部队反击,亲自挡在路口,对士兵们厉声喝道:"若你们逃跑,我将亲自上阵!即便战死,也要彻底击败敌人!"随后,戚继光把临阵退缩的刘武等14人全部就地处斩,将士们顿时稳住了心神,掉头回去力战倭寇,最终打败了倭寇的反击。戚家军南北两路互相配合,终于杀入林墩村内。林墩内部街巷狭窄曲折,长刀长枪难以施展,戚家军士兵便拿着短刀和倭寇展开激烈的巷战,最终彻底击败了倭寇。林墩临水而建,倭寇退无可退,只能跳水逃生,千余人被淹死。一部分倭寇逃出林墩,沿着黄石大道向南逃走,戚家军追奔15里,一直追到窑兜才追上倭寇。倭寇中的中国人四散逃入山中,而残余的倭寇则逃到了一座瓦窑中固守。

这座瓦窑是由砖瓦建造,所以无法直接点火焚烧。戚家军士兵登上屋顶,揭开瓦片,把点燃的草木扔进去,想把倭寇逼出来,但是倭寇在里面迅速把火灭掉。戚继光见这一计策无效,就下令把点燃的火药扔入窑中,火药剧烈燃烧爆炸,里面的倭寇一片大乱,戚家军趁势杀入,彻底歼灭了这股倭寇。

此战,戚家军斩首2023级,俘虏倭寇13人,其他被淹死、烧死的倭寇无法计算,解救被掳的千户1人、生员5人、老百姓2114人,夺回了被倭寇拿走的永宁卫所大印5颗。此战之中,明军阵亡69人,这也是戚家军成军之后伤亡最大、过程最凶险的一战。

次日清晨,城内百姓们得知,戚家军取得了胜利,林墩的倭寇被彻底消灭了。人们奔走相告,喜讯传遍了兴化城。中午,戚家军收兵回城,兴化民众再次举行了隆重的欢迎仪式。城内的百姓扶老携幼,出城10里相迎。在兴化城外的熙宁桥上,犒赏戚家军士兵的彩旗和花币塞满了道路,人们用最盛大的仪式来迎接戚家军。

戚继光看到如此盛景,推辞道:"此战有那么多士兵伤亡,我哪里受得起这样的欢迎仪式呢?"于是,他让人先把这些彩旗和花币送回馆舍之内,然后才整队继续前进。民众争相过来看戚家军,把附近的大小道路都给塞满了。戚家军入城之后,民众淘米做饭,打扫床榻,邀请戚家军士兵到家里歇息,就像招待最尊贵的客人一样。

翁时器、万民英率领着兴化官员前来迎接,对戚继光说:"上天厌恶福建,降下了倭寇这场大祸,将军到来,击败倭寇,让福建人民重见天日,这真的是不世之功啊!"戚继光推辞道:"此战是朝廷指派,我才受命前来,有了今天的尺寸之功。此战获胜,是上级指导有方,各位士大夫赞襄得力,我何功之有?"戚继光还亲自去看望受伤的士兵,并同王春泽、汪道昆一起到林墩战场上祭奠战死的士兵。

虽然戚家军已经连续经历3场大战，士兵都疲惫不堪，但还是在接下来的时间里转战福建沿海各处，剿灭倭寇，直至胡宗宪下令，要求戚继光率军返回浙江。戚家军从兴化班师，路上经过福清、葛塘等地，又遇到了几股倭寇，经过奋力冲杀，才将倭寇歼灭。到十月七日，戚继光率军返回福清之时，戚家军已经精疲力竭，前方却仍然不断传来倭寇靠岸的消息。于是，戚继光决定，把那些有伤、生病、怯懦、急于回家的人先遣返回浙江，最终，戚家军留在福建的3000人继续抗倭。此后，长乐、泰予、小子、牛田、后营等处又纷纷传来消息，各地都报告有倭寇船只靠岸，登陆的倭寇不计其数，坐镇福清的汪道昆宴请戚继光，询问他有何对策。戚继光表示："在过去的一个多月里，我们已经进行了四次战斗，行军千里。我军只有6000人，经过多次战斗，现只剩3000人，且士兵们已极度疲惫。而目前倭寇有数十艘船只抵达沿海，兵力超过万人，且都是新来的精锐之军。以我们现在的疲弱之师去对抗这些新锐生力军，相当于让羊群去和猛虎搏斗。鉴于眼下的局势，唯有招募数千新兵，我们才有机会彻底消灭来犯的倭寇。因此，我们只有立即返回浙江征召援军，待到明年春暖花开时再行剿灭倭寇。目前，您应当坚壁清野，固守城池，静待我军归来。"

戚继光于十月十六日启程，带领军队返回浙江。次日，他们经过省城福州时，被当地居民、士绅及福建的各级文武官员热情地迎接。人们极力挽留，希望戚家军能留下守御地方。官员们与戚继光一同登上平远台，为他举行庆功宴。汪道昆还专门撰写了《平远台勒功铭》，刻在平远台上，以此来表彰戚继光辉煌的军事功绩。

第四章 平浙入闽

福州府
选自《筹海图编》明刊本 〔明〕郑若曾

第五章

转战福建

第一节　兴化陷落

嘉靖四十一年（1562）十一月七日，戚继光刚到浙江金华，便得知浙直总督胡宗宪被罢官了。这让戚继光备受打击。在胡宗宪的鼎力支持下，戚继光先是就任宁绍台参将，后来编练戚家军，并在浙江和福建取得了一系列辉煌的胜利。可以说，没有胡宗宪的支持，就没有如今闻名天下的戚继光。现在这样一位对自己恩重如山的上司被罢官，戚继光内心伤痛不已。心灰意冷的戚继光甚至打算辞职回山东老家，他在给友人的信中写道："胡（宗宪）公北辕，浙无知己，计必不行，颇悔初念，欲际新中丞未至，乞病东还。"

戚继光打算辞去官职，汪道昆得知后立刻提笔写信劝诫："身为臣子，受国家恩惠深厚，岂能忘恩负义。胡公（胡宗宪）若离去，虽不能完全实现平生所愿，但怎能忍心旁观福建百姓受苦？前往浙江，实乃义不容辞！"戚继光读了汪道昆的信后，泪眼朦胧，感慨地说："南明公（汪道昆）不愿辜负福建的百姓，我又怎能辜负这位知己呢？"在戚继光与汪道昆看来，将倭寇赶出中国沿海是作为大明武将应尽的责任，这与自己在哪里为官没有直接关系。

重新振作起来的戚继光向新任上司浙江巡抚赵炳然请求率军救援福建，但是赵炳然并不同意。他觉得福建倭患严重，主要是因为福建的官员无能。如果把浙江兵派往福建，那么一旦倭寇趁机进攻浙江，浙江势必遭殃。对于倭寇骚扰福建的情况，让福建官员在本地练兵，保卫乡里

第五章 转战福建

即可。为了让赵炳然同意派兵援闽,戚继光和汪道昆多方奔走。

正当戚继光在为增援福建一事而奔走时,福建前线传来消息——兴化陷落!

当倭寇得知戚家军的主力部队已经返回浙江,他们欢欣鼓舞地说道:"戚老虎走了,我们还有什么好怕的?"随即,倭寇分兵两路,一部分攻占了福宁(今福建省宁德市霞浦县)和政和两县,另一部分则聚集了超过6000名精兵,直接向兴化府城发起攻击。兴化府城全体军民奋勇抵抗,坚守城池近一个月,使得倭寇始终未能破城。在此危急时刻,福建巡抚游震得在努力维持战局的同时,紧急向广东总兵刘显请求支援。倭寇得知此事,便让本地奸民伪装成从兴化逃出来的难民向刘显

福宁县
选自《福建省海岸全图》〔清〕佚名　收藏于日本国立国会图书馆

求援。刘显向求救之人表示，此时兵力不足，要待兵力足够之后才能进军。得知此事，倭寇更加无所顾忌地进攻兴化城。十一月二十八日，刘显派8名士兵到兴化送信，结果在路上被倭寇发现。倭寇杀死了送信士兵，然后穿上明军的衣服，拿着刘显的书信，混进了兴化城里。进城后，这些倭寇四处散布消息说："今晚就要进攻倭寇，大家等待好消息。"城中军民信以为真，便放松了警惕。当夜，潜入城中的倭寇将守卫城门的士兵杀死，大量倭寇涌入城内，明军坚守了一个月的兴化城就此失守。倭寇破城后，肆意屠杀，导致近400名官绅被杀害，众多妇女因不愿受辱而痛斥贼人，结果也惨遭杀害，城内居民死亡人数超过万人。无论是官方的府库还是普通百姓的住所，所有的财物都被倭寇洗劫一空。倭寇在城中盘踞长达两个月之久。他们在城内烧杀抢掠，使得城中到处是尸体，恶臭难闻。次年一月二十九日，倭寇耗尽了城中的物资，便撤离了这座城池，转而占据了崎头（今属福建省莆田市秀屿区埭头镇）。福建都指挥佥事欧阳深带领军队追击，却在途中遭遇倭寇的埋伏，与他所率领的200名官兵一同阵亡。不久之后，倭寇又攻占了平海卫，并将他们的巢穴迁移到了许厝（今福建省莆田市秀屿区东峤镇许厝村）。

倭患虽然由来已久，但此前最多只是攻陷县城，兴化陷落是倭寇第一次攻陷州府，因此举国震惊！嘉靖帝在获知福建前线战况后，解除了福建巡抚游震得的职务，将在抗击倭寇中表现出色的谭纶调任为福建巡抚，提升戚继光为副总兵，负责驻守温州、处州、福宁、福州、兴化等地区。同时，嘉靖帝命令戚继光和俞大猷带领军队迅速南下支援福建。

就任副总兵后，戚继光的辖区扩大到福建，他可以名正言顺地参与福建抗倭了。在福建，戚继光的上级是谭纶，助手是俞大猷，3人曾多次携手作战，私交甚笃，由此，戚继光终于有了放手在福建抗倭的条件。

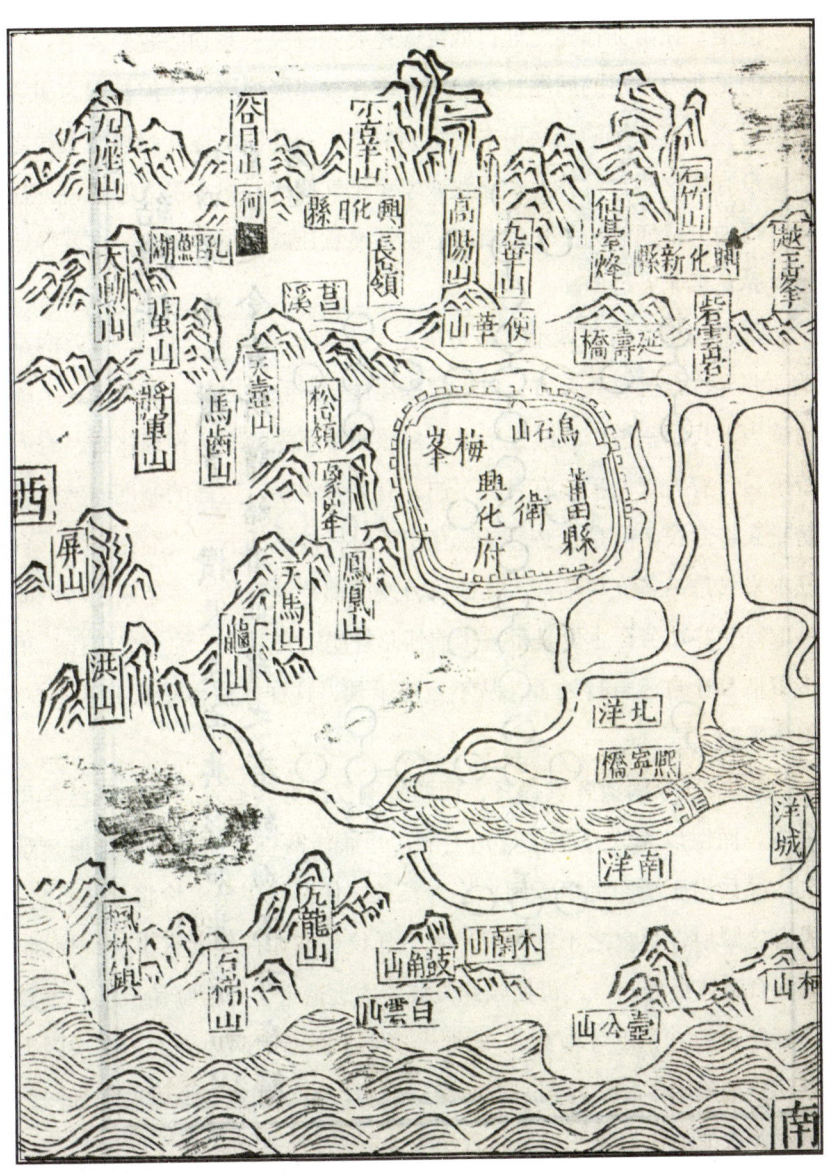

兴化府
选自《筹海图编》明刊本 〔明〕郑若曾

但是，在出征福建之前，戚继光还要先解决一系列问题。其中，最主要的是兵力不足的问题。虽然戚家军在福建屡战屡胜，但是因为胡宗宪被罢免，戚家军的士兵根本没得到封赏，新任浙江巡抚赵炳然上任之后也没有把这些封赏补上，导致戚家军士气低落，根本没人愿意再去福建。再加上赵炳然为了守卫浙江，也不愿意让戚家军去福建，这就导致戚继光几乎无人可用。

冥思苦想之后，戚继光最终决定上书朝廷，向朝廷请求10万两军饷，并允许自己募兵2万，以平定福建倭寇。除此之外，戚继光还上疏力陈当下兵制积弊。戚继光指出，按照明军原先的军队管理体制，有人管统兵，有人管调兵，有人管军饷，有人管纠察，这样的制度固然可以防止武将专权，但是也必然导致互相掣肘，效率低下。戚继光表示，自己本来只是一名统兵军官，其他权力按说都是没有的。多年来之所以能够取得一些功劳，主要是得益于前任总督胡宗宪对自己的充分信任，很多事情都让自己自行处置，从不过多干预，这样才使得军队上下一心，屡战屡胜。

他说："今闽浙各设提督，而两省事权已分其运筹，大臣既已各司一方，而臣以无武弁职在身先士卒，乃兼任两省，欲臣之无掣肘，难矣。况兵出于浙而远事于闽，岂为长久之便？伏望皇上怜将权之日轻、机宜之掣肘、兵食之不相为谋，敕下廷议，亦如往年浙直事例，使浙、闽兵食事体处处归一，毋使顾此失彼，因远遗近，方能犄角成功，不致蔓延贻害地方，臣等幸甚。"戚继光多年来在浙闽两地抗倭，多次因为浙江、福建两省官员各司一方而受到限制，导致倭寇在浙闽两地来回逃窜。此次他前往福建作战是跨省作战，更需要妥善解决这个问题。

其实在这个时候，戚继光上这份奏折是承担着很大的风险的。当时，胡宗宪被认为是严嵩一党，戚继光作为胡宗宪的得力干将，本来就有被连累的风险，他却不知避嫌，仍然为胡宗宪正名，这足以表明在戚继光心中，是非黑白和民族大义比自身的安危更为重要。为了国家社稷，戚继光已经顾不上个人安危了。他上书直陈利害，破釜沉舟，只为扫清一切障碍，彻底剿灭倭寇。

戚继光的奏折送到朝廷后，朝廷商议了很久。最终，嘉靖帝同意了戚继光的要求，下诏现有的义乌兵，以及广西狼兵、江西劲兵等，都归戚继光调遣，并且拨付白银20万两以供军用。由此，戚继光招兵、增加军饷的要求都得到了满足。此后，福建巡抚谭纶、浙江巡抚赵炳然也全力辅助戚继光的抗倭大业，两省互相掣肘的问题也有所缓解，戚继光的抗倭之路由此变得更加顺畅。

嘉靖四十二年（1563）二月，戚继光再次来到义乌招兵，只用了16天时间就成功招募了万余士兵，随后开始加紧训练。此时，福建的倭患越来越严重。朝廷下达诏令，将军费增加到30万两，要求戚继光赶紧率军奔赴福建。于是戚继光立刻率军出发，再度奔赴福建战场。

第二节 大战平海

嘉靖四十二年(1563)三月二日,戚继光率军出发,边行军边训练。十七日,戚继光率军到达福建浦城,二十二日到达建阳。

一到建阳,百姓们就请求戚继光剿灭一股千余人的山贼。却不料,戚继光想都没想便拒绝了百姓们的要求,他说:"我是奉命清剿倭寇的,清剿山贼不是我的责任。"便丝毫没有停留,继续率军前行。

出乎意料的是,当天太阳落山之后,戚继光和汪道昆便各自率领一支部队向小湖进发,随后悄悄将小湖包围。村内的山贼发现戚家军后,立即占据房屋和街巷进行抵抗。戚家军果断向村内纵火,山贼顿时陷入混乱。戚家军趁机杀入村内,很快就全歼了这股山贼。此战,戚家军共计俘虏23人,斩首312级,还有大量山贼被烧死,而戚家军仅阵亡3人。少数山贼侥幸逃出,但是因其头发都被火烧光了,难以隐藏身份,第二天全部被附近的村民抓获,无一漏网。原来,此前戚继光说的话,不过是为了迷惑山贼罢了。

倭寇得知戚继光再次率军进入福建的消息后,于四月十六日企图以大小船只32艘护卫抢掠得来的财物返回日本,但是受到明军水军的阻拦,未能逃跑。于是,倭寇就以3000人驻防于渚林的许家村(今属福建省莆田市秀屿区东峤镇),据险防守,保卫平海卫。平海卫处于足形半岛的脚跟处,而许家村处于脚腕处,是守卫平海卫的咽喉。倭寇希望通过守住许家村来保住平海卫这条海上逃生之路。

平海卫
选自《筹海图编》明刊本 〔明〕郑若曾

四月十九日，戚继光率军抵达东亭（今福建省莆田市涵江区白塘镇东亭村）。刚刚落脚，戚继光就换上便装，亲自前去侦察敌情。第二天，戚继光、汪道昆与俞大猷、刘显等人在渚林会合，共同研究进军方略。

几人最终制定的进攻方略如下：戚继光率领所部主力为中军，负责正面进攻任务；刘显率领所部兵马，加上江西援兵乐埙部和福建兵陈仓部，担任左翼；俞大猷率领所部兵马，加上浙江巡抚赵炳然和福建巡抚谭纶派来的援兵，担任右翼。

四月二十一日夜，各路明军悄悄出发，向许家村进发。戚继光以胡守仁部为先锋，兵分三路，衔枚疾进。趁着夜色，明军到达了许家村附近的五党山。倭寇发现戚家军逼近之后，立刻派出2000余人迎击，并以100多名骑兵为先锋。虽然很少见到倭寇使用骑兵，但戚家军仍然镇定自若。他们用火铳密集地向敌军骑兵射击，瞬间火光四起，声动天地，倭寇战马受惊，四散奔逃，骑兵纷纷落马。见骑兵冲锋被击溃，大队倭寇便挥舞着长刀向戚家军发起猛攻，双方展开激烈的白刃战。激战开始之后，这些倭寇发现，明军使用的就是闻名天下的鸳鸯阵，自己不但没法攻破明军的阵型，反而伤亡越来越大。倭寇被吓破了胆，惊恐地说道："看来戚老虎真的来了！"败局已定，倭寇开始四散逃窜。戚继光带领军队乘胜追至许家村，俞大猷与刘显亦率部赶来，三支明军合力将村子团团围住，发起猛烈攻击。戚家军采用火攻战术，迅速将许家村的倭寇消灭殆尽。

在这场战斗中，明军共歼灭倭寇超过2200人，还有许多倭寇葬身火海，同时解救了3000多名被掳掠的百姓。戚家军在这次战斗中阵亡了16人。第二天，戚继光派胡守仁率军在附近搜索追剿残余倭寇，又斩首171级。美中不足的是，明军水军疏于防范，导致平海卫倭寇从海上逃跑。后人评价此战称："自倭起以来二十余载，攻破城邑，杀伤官

第五章 转战福建

吏军民,不可胜纪,转漕增饷,海内骚然,至是始大创而去,浙、闽以次渐平。"

兴化府陷落之后,倭寇的气焰非常嚣张,连续攻陷多座城镇,横行无忌,福建明军根本无法抵挡。在这种绝望的氛围之下,戚继光突然率军出现,犹如击破黑暗的曙光,打败倭寇,救民于水火,让福建民众再次看见了胜利的希望。

正因如此,此战之后,福清民众为戚继光创作了一首歌曲,用以歌颂戚继光的丰功伟绩:

生我兮父母,长我兮疆土。
生我不辰兮,疆土多故;
奠我再生兮,维戚元辅。
于皇元辅兮,允文允武;
繄我今日兮,汉仪复睹。

在给朝廷的奏章中,谭纶也赞颂戚继光的功绩:"全闽安堵,万姓腾欢,是皆戚某之功。"

在取得平海卫一战的胜利后,戚继光率军稍作休整,随后就向马鼻(今福建省福州市连江县马鼻镇)进发。这里有400多名倭寇,这些倭寇本来打算去平海卫与那里的倭寇会合,但是后来听闻平海卫已经被明军收复,于是只得在马鼻固守。马鼻一带重山叠岭,地形复杂,倭寇据险防守,这给戚家军的进攻造成了很大困难。

倭寇听闻戚家军在向马鼻进发后,立刻把财物装上12条船,准备逃走。为了防止倭寇逃走,戚继光命令全军就地扎营,不要太靠近马鼻,同时派人侦察马鼻一带的地形。根据侦察的情报,有两条小路通向

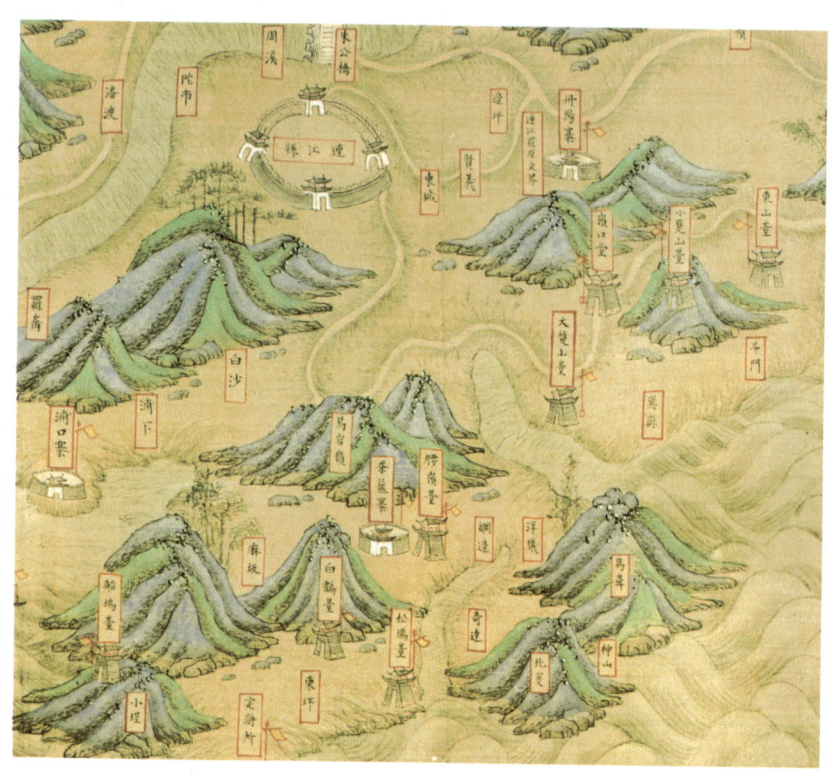

连江马鼻
选自《福建省海岸全图》〔清〕佚名　收藏于日本国立国会图书馆

马鼻，于是，戚继光决定，由陈禄率军从正面发起进攻，牵制倭寇；胡守仁率军为奇兵，走小路从侧背偷袭倭寇。

五月二日下午，戚家军按照预定计划发起进攻。倭寇看到戚家军发起攻势，就准备从侧背偷袭正面进攻的戚家军陈禄部。巧合的是，这些偷袭的倭寇走的也是那两条小路，与偷袭倭寇的戚家军胡守仁部撞了个正着。紧接着，敌我双方进行了一场激烈的贴身搏杀。胡守仁带领部队勇猛地冲杀，将倭寇成功击溃。之后，戚家军两路部队协同作战，快速

第五章 转战福建

攻向倭寇的巢穴。

剩余的倭寇企图乘船逃跑，但是戚继光早就已经派水军将倭寇的船只焚毁殆尽。倭寇到了海滩上看见船只已经被毁，无路可走，只得跑到海滩上的山洞里躲藏起来。此时天色已经暗了下来，戚继光觉得夜间搜寻只会加大伤亡，于是下令各部停止前进，等第二天再清剿这些倭寇。不过，没等戚继光清剿，夜间潮水大涨，这些藏在山洞里的倭寇就大部分被淹死了。此战，戚家军斩首157级，其余倭寇基本被淹死，同时解救被掳百姓203人，己方仅阵亡数人。

此时，仍有小股倭寇在外流窜，他们潜伏在山林之中，肆意劫掠，行踪倏忽不定，和戚家军打起了游击战。不过，这可难不倒戚继光。他让当地的一些乡兵打着戚家军的旗帜，大张旗鼓地在山里搜索，倭寇畏惧戚家军，见到戚家军的旗帜就跑。戚继光让这些乡兵四面合围，不断压缩倭寇的生存空间，戚继光则亲率一支3000人的精兵，就等着锁定倭寇的具体位置之后迅速出击，将其彻底消灭。

经过多日的搜索，五月二十五日，前方传来急报，已经侦察到倭寇在硝石岭（今属福建省宁德市），屯驻在岭上的一处大宅子里。戚继光立即率军将倭寇包围，随后发起进攻，倭寇拼死抵抗。为了减少伤亡，戚家军士兵还是使用了老办法——火攻，最终将这股倭寇全部歼灭。此战斩首108级，还有40余名倭寇被烧死。

在平海卫、马鼻、硝石岭三战中，戚家军三战三捷，将兴化一带的倭寇基本歼灭。谭纶在给朝廷的奏疏中再次给予戚继光极高的评价："鞠躬尽瘁，用兵如神，驭众而分数愈明，取胜而机事益密。批亢捣虚，彼丑畏之如虎；除凶雪耻，斯民望之如云。全师奏凯，兵不留行；一战成功，贼无噍类。岂直当今之虎臣，实为振古之名将。"

在福建沿海基本恢复安定之后，谭纶着手加强福建海防。他推荐戚继光为总兵，负责福建海防的筹备。于是，戚继光开始按照谭纶的构想，着力整顿福建防务。

为了适应持久抗倭的需求，戚继光将他从浙江带来的戚家军万余人拆分为两部分，分别驻扎在浙江和福建，其中有6400多人驻扎在福建。他将这些人编为八营，金科和叶大正带领两营驻守福宁，负责北路的防御；胡守仁带领两营驻守福清，担当中路的防御任务；耿宗元带领两营驻守漳州和泉州，负责南路的防御；戚继光亲自率领两营，作为机动部队。

在海上，戚继光也进行了相应的部署。他恢复并整顿了烽火、小埕、南日、浯屿、铜山5个水寨的防御设施，修复了烽火、小埕、南日原有的92艘船只，然后分配给各个水寨。这些水寨都配备了相应的装备、火药和粮饷，能够独立守护自己的区域，从而构建了一个陆海联防的防御网络。

第五章　转战福建

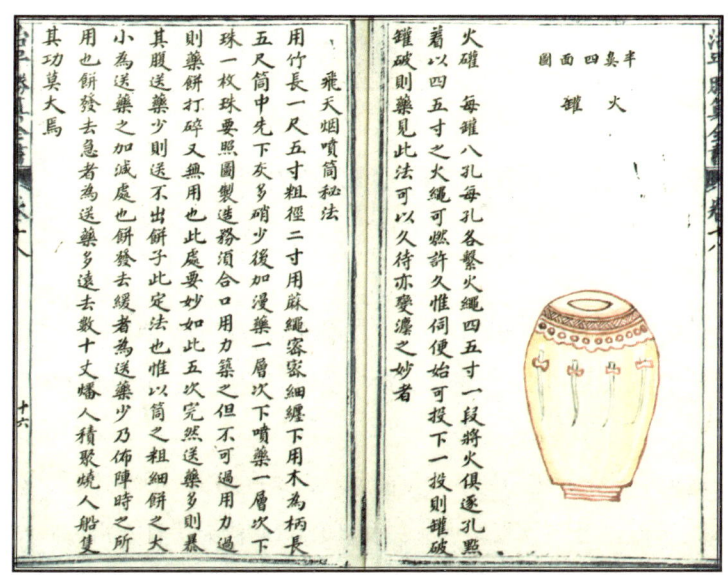

半
臭
火
四
罐
罐
面
图

火罐 每罐八孔每孔各繫火绳四五寸一段将火俱逐孔點着以四五寸之火绳可燃许久惟伺便始可投下一投則罐破罐破則藥見此法可以久待亦變濾之妙者

飛天煙噴筒秘法

用竹長一尺五寸粗徑二寸用麻繩密細纏下用木為柄長五尺筒中先下灰後加硝少許漫藥一層次下噴藥一層次下珠一枚珠要照圖製速路酒合口用力築之但不可過用力築則藥餅打碎又無用也此處要妙如此五次完然後合口用藥餅封口此餅子此定法也惟以筒之粗細餅之大小為送藥之加減處也餅發去緩者為送藥多乃佈陣時之用也餅發去急者為送藥少遠去數十丈燔人積聚號人船隻其功莫大焉

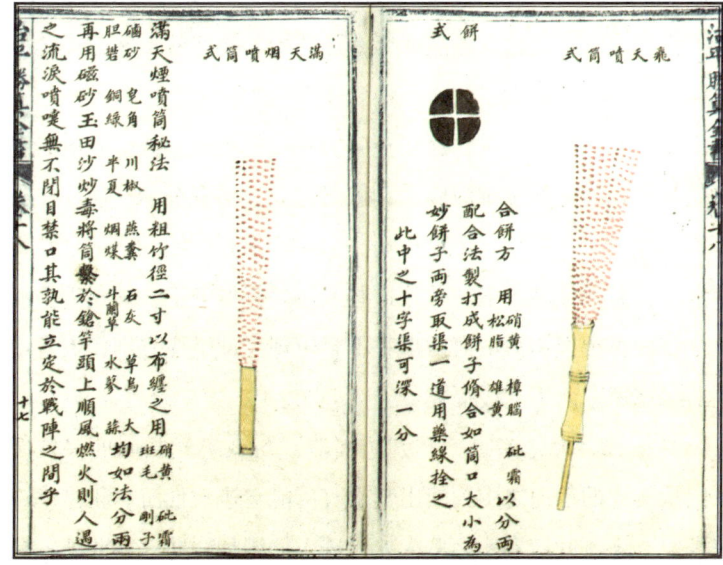

飛天噴筒式
餅式

合餅方 用硝黄雄黄樟腦松脂砒霜以分兩配合法製打成餅子條如筒口大小為妙餅子兩旁取藥一道用藥線捵之此中之十字操可深一分

滿天煙噴筒式

滿天煙噴筒秘法 用粗竹徑二寸以布纏之用班毛硝黄砒霜皂川椒燕巢石灰草烏大蒜水銀均如法分兩再用磁砂碙砂鋼綠半夏蝴蝶牛闇黍毒將筒繫於鎗竿頭上順風燃火則人過之流淚噴嚏無不閉目禁口其執能立定於戰陣之間予

火攻

选自《治平胜算全书》〔清〕年羹尧　清代墨书彩绘本

第三节 仙游解围

在嘉靖四十二年（1563）十月，在谭纶的举荐下，朝廷正式任命戚继光担任福建总兵一职，负责福建沿海及浙江的温州、金华地区的防御工作，全权负责闽浙沿海防务。

倭寇攻陷兴化府抢劫到了大量的财富，这些财富运回日本后，让无数日本人垂涎。于是，嘉靖四十二年（1563）秋天，日本沿海集结了27000余名倭寇，其中首批倭寇15000余人在这年秋天出发劫掠仙游，其他人则将在次年春天出发。从那年十月开始，倭寇就不断在福建沿海地区登陆。

这些倭寇如同蝗虫一般，疯狂扑向福建沿海各地。戚继光虽然率军全力防范，但是终究双拳难敌四手，依然有大量倭寇登陆成功。在福建的戚家军只有6000余人，除去伤病，只剩5000余人。即使加上其他明军和水军，总数依然不多。并且这些人还要分散守卫在福建千里海疆之上，这就使得福建沿海的海防形势不容乐观。戚继光立即派人奔赴浙江，调浙江戚家军南下支援福建。

十一月三日，谭纶亲自率军到达福清，与戚继光共同商议抗倭大计。他们从倭寇的动向之中判断出其很有可能会进攻仙游，于是率部队向仙游进发，又派叶应春率200人先行进入仙游加强防守。此外，命令泉州、惠安、南安等地明军多设疑兵，牵制倭寇。与此同时，戚继光分析认为倭寇久攻仙游不下，有可能会攻打其他城池，于是便加强了其他

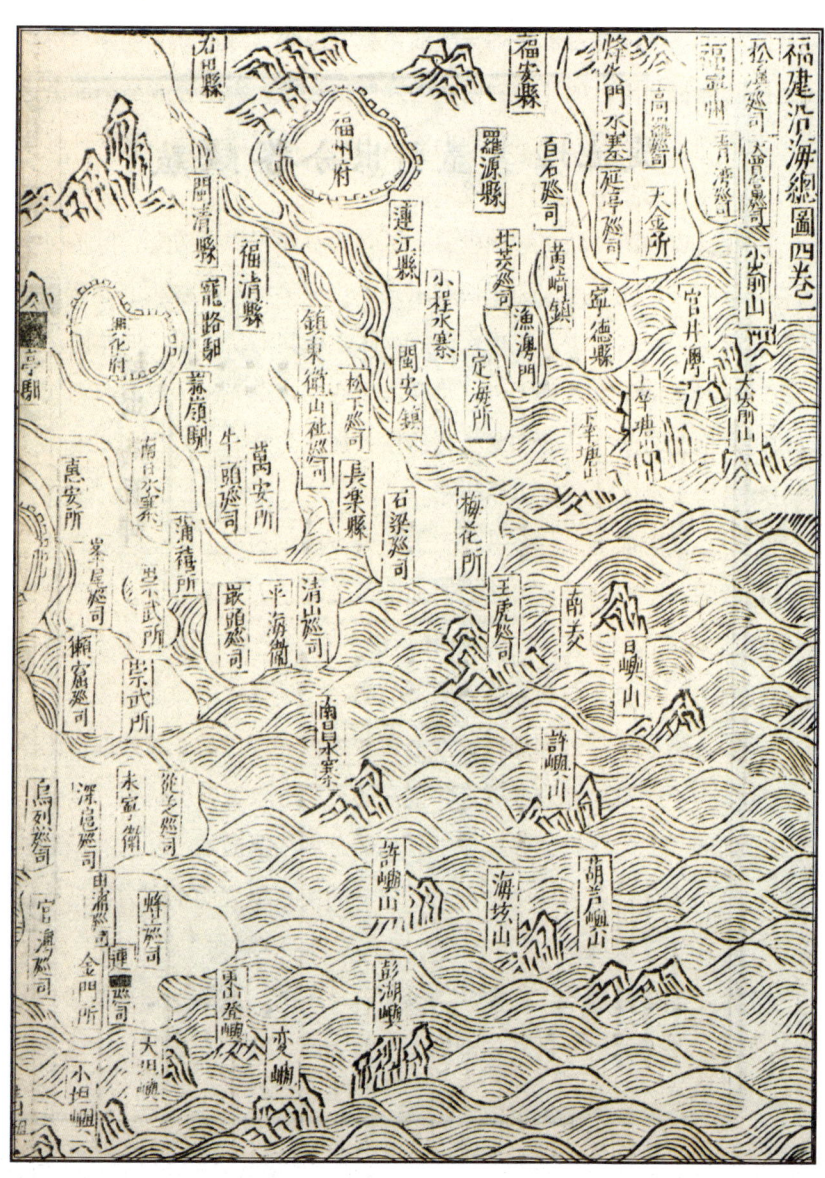

福建沿海总图
选自《筹海图编》明刊本 〔明〕郑若曾

城池的防务：他派遣一部分鸟铳兵前往惠安协防；派遣陈应朝率军协同汪道昆防守福州附近的北岭，防止倭寇侵扰省城；派遣郭成嘉率部由建宁出发清剿宁德的倭寇，防止他们深入内陆；最后派遣傅应嘉率领水军在海上击敌，防止敌人由连江侵犯福州。

倭寇猛攻仙游，城防频频告急。尽管仙游守军拼死防守，但是由于武器装备匮乏，尤其是火药很快就用光了，形势愈发严峻。十七日，戚继光挑选了180名勇士，让他们分成小队在夜间潜伏入城，向城内运送火药，同时协助防守。为了进一步麻痹倭寇，戚继光指示城内假意同倭寇和谈以拖延时间，从而加紧打造器械，加强防守。十八日，戚继光又派100名勇士潜入仙游城协助防守。

此时，仙游保卫战已经进行了十几天，援军却迟迟不至，倭寇的气焰日益嚣张。十二月六日，倭寇对仙游城发起了大规模进攻。他们挑选精锐部队向城西北发起攻击，砍坏木栅，拆毁土墙，并用鸟铳向城墙上疯狂射击，攻势非常猛烈。城墙上的明军士兵很多中弹而死，伤亡巨大。随后，倭寇架起云梯登城，双方在城墙上展开激战。城内的勇士李以仁等人奋不顾身地冲进敌群，将倭寇的云梯等攻城器械烧毁，倭寇的攻势被削弱。此时，戚继光在城外得知仙游城战况激烈，随时有城破的危险，马上命令部队发铳呐喊助威。攻城的倭寇以为明军主力已抵达仙游，于是停止了攻城。

守城之战日益焦灼，但浙江的援军就是不到，戚继光心急如焚。终于，在十二月十六日，浙江的戚家军发兵福建，并于二十五日完成兵力集结。

尽管援军已经抵达仙游外围，但面对总数超过万人的倭寇，戚家军在数量上并不占上风，因此无法同时对倭寇的4座营垒发起攻击。戚继光遂决定逐个击破，首先攻击南门附近的倭寇，成功后再转攻东门和西门的敌人，从而彻底解除倭寇对仙游的围困。

第五章 转战福建

王如龙带领杨世潮、丁茂、朱九龙等部组成左路军，胡守仁则率领方其、朱珏、陈应朝、娄国华等部组成右路军，两军合为中路军，共同攻击南门外的倭寇；陈濠指挥陈禄、陈文澄、童子明、张元勋等部作为右翼奇兵，进攻东门外的倭寇；李超统领杨文、陈其可、蒋伯清等部作为左翼奇兵，攻击西门外的倭寇；金科带领中军大营作为正兵，叶大正、陈良琮部策应支援；吕崇周、金文秀率部及400名苗兵在铁山布阵，作为疑兵牵制北门外的倭寇；中军吴京部携火器，准备随时支援各路部队。

十二月二十五日，戚家军按照预定计划发起进攻。早晨戚家军出发时大雾弥漫，几尺之外就看不见人，戚家军便准备趁着大雾接近倭寇。此时，倭寇也打算趁着大雾攻城。他们制造了高大的攻城车猛攻，仙游危在旦夕。就在倭寇眼看就要胜利时，他们突然发现戚家军已经来到了眼前，于是立刻掉过头来进攻戚家军。

中路军左右两路奋力冲杀，倭寇大败，退入巢穴之内。两路军乘胜将倭寇营寨四面包围，攻破营寨后发起火攻，斩杀倭寇四五百人。残余的倭寇向东门逃跑，戚家军则按照计划向东门和西门发起进攻，那里的倭寇早已闻风丧胆，溃不成军，戚家军奋力追杀，将倭寇在东西门的营地全部焚毁，斩杀倭寇千余人。剩下的几千名倭寇向北门溃退，继续作困兽之斗，戚继光亲自率军冲杀，再度大败倭寇，彻底将倭寇赶出了仙游。

在仙游一战中，戚家军以阵亡24人的代价，斩首倭寇498级，烧死倭寇无数，解救出被掳走的3000多名百姓。

至此，被围困50多天的仙游彻底解围，戚继光率军入城，城内百姓用最隆重的礼节欢迎戚家军，他们激动地说："没想到这一仗还能打赢！如果没有戚公，我们怎么可能活命！"

仙游之战结束以后，大量倭寇逃散到各地。谭纶、戚继光命令各地城池营寨加强防守，坚壁清野，同时命令水军在海上严加防备，防止倭寇抢劫渔船出海逃走。倭寇在南安、晋江等地都想围城抢掠，但是都因为明军守备森严而不得不作罢。为了肃清私通倭寇的沿海奸民，戚继光将抓获的14名奸民全部斩首示众，以震慑其他奸民。同时，他宣布，如果有人能抓获一名接济倭寇的奸民，便奖赏白银30两。重赏加上严厉打击，使得沿海奸民噤若寒蝉，再没有人敢给倭寇提供帮助，倭寇的处境日益艰难。

嘉靖四十三年（1564）一月底，明军侦察到大量倭寇聚集在坂尾，于是戚继光迅速率军向坂尾进发，双方发生激战，戚家军斩首177级，解救被掳百姓3000人，落入山谷摔死的倭寇不计其数。

二月十二日，从王仓坪逃出的倭寇逃到了漳浦县。戚继光听闻倭寇逃到漳浦，立即率军向漳浦追击而来。蔡丕岭群山耸峙，林木郁郁葱葱，山下有一大片甘蔗林，非常茂密，如同大海一般。倭寇全部躲在山林和甘蔗林里，准备等到戚家军搜山时进行伏击。

到了山顶后，戚继光从山上望去，根本看不到倭寇的人影。戚继光

漳浦县
选自《福建省海岸全图》〔清〕佚名　收藏于日本国立国会图书馆

便命令士兵谨慎前进，搜索倭寇踪迹。当戚家军搜索到甘蔗林里面时，倭寇伏兵四起，发动突然袭击。戚继光于是下令点燃山林，把倭寇烧死在林子里。蔡丕岭之战，戚家军斩首160余级，被烧死的倭寇不计其数。第二年，当地农民在收割甘蔗时，依然在甘蔗林里发现了大量的倭寇尸骨。

经过仙游、王仓坪、蔡丕岭三战之后，福建的倭寇遭到毁灭性打击，残部逃往广东。为了防止倭寇再次入侵，戚继光开始着力加强福建海防。

在海上，戚继光让魏宗翰负责防守烽火门，配备了40艘战船；傅应嘉负责防守小埕寨，配备了36艘战船；罗继祖负责防守南日寨，配备了32艘战船；秦经国负责防守浯屿寨，配备了32艘战船；邓铨负责防守铜山寨，配备了36艘战船。这五个水寨组成了一个海上防御体系，只要发现倭寇的船只，便能迅速出动、阻截和攻击，力图在海上将倭寇歼灭。此时，明军战船总数已经达到171艘，较之平海卫战役刚结束时的92艘，增长了近一倍，海上防线愈加牢不可破。

在陆上，戚继光命令王如龙、杨世潮等率部3000人屯驻福宁，担任北路守备；耿宗元、暴以平等率部3400人屯驻漳州，担任南路守备；金科率部1200人驻守泉州；陈其可率部1600人驻守连江；陈濠、朱珏率部2400人驻守福清；戚继光亲自率领2400人担任机动部队。此时，明军的陆上兵力达到了14000人，较之平海卫之战后的6400人，增加了一倍多，陆上防御也得到了显著的加强。

经过戚继光的整顿，福建的陆海防御体系固若金汤，倭寇再也无法在福建沿海肆虐，史载"自后倭寇脱归者，始知犯华不利状，于是乎倭寇不敢复窥八闽矣"。可以这么说，戚继光和他的戚家军为消除福建的倭患，建立了难以磨灭的功勋。

第四节 歼灭吴平

在福建遭到戚家军的沉重打击后,倭寇纷纷窜至广东,并与当地的海盗头领吴平勾结在一起。吴平,福建省诏安县梅岭人,早年时给别人干活,因无法忍受虐待而选择成为盗匪。到了嘉靖四十三年(1564),俞大猷被任命为广东总兵,为平息当地的倭患,他计划对吴平进行招安。面对明军在抗倭战争中不断取得的胜利,吴平感到畏惧,最终同意接受招安。这年十一月,俞大猷将吴平送回其老家诏安县梅岭安置。

但是接受招抚之后的吴平却不安分,继续训练队伍,打造战船,甚至招揽逃亡的倭寇和山贼,实力不断壮大。俞大猷得知后,秘密联合戚继光,准备彻底消灭吴平。

嘉靖四十四年(1565)二月十九日,戚继光率军水陆并进,前去征讨吴平。吴平得知这一消息之后,立刻让家属带上全部财物,乘船逃往广东。戚继光派出水师傅应嘉部前去拦截,大败吴平部,击沉战船105艘,歼灭3000余人,俘虏200余人,但是吴平侥幸逃脱。四月三日,傅应嘉得知吴平率部集结于广东大潭澳,于是立即率军出击,再度击败吴平,击沉战船20余艘。不过,在追击的过程中,海上突然狂风大作,吴平趁机率领残部逃脱。吴平在逃脱了傅应嘉的追击之后,又召集了很多的倭寇、海盗和山贼,很快就又恢复到了战船百余艘、部众万余人,率部奔袭福建而去。

为了防备吴平,戚继光立即派遣傅应嘉、朱玑、王亳率领46艘战

广东沿海总图
选自《筹海图编》明刊本 〔明〕郑若曾

船屯驻玄钟（今福建省漳州市诏安县梅岭镇玄钟村）。

可是，吴平的战船数量是明军的两倍有余，占据着明显的优势。六月二十三日，吴平率军围攻玄钟，明军大败，损失战船13艘，朱玑、王亳被俘，傅应嘉率领余部退回铜山（今属福建省漳州市东山县铜陵镇）。嘉靖帝得知明军失败后大怒，立刻下令福建、广东调集大军剿灭吴平。

此时，吴平躲藏在南澳岛上。南澳岛在广东饶平以南的大海中，东西长40余里，南北宽20余里。岛上林木茂密，地形复杂，拥有深澳、隆澳、云澳等重要港口，可供船只停泊。其中，深澳的地理形势尤为险要，其入口处水道狭窄，大型船只难以进入，吴平的大本营就设在深澳。戚继光和俞大猷准备对深澳发起进攻。

为确保战斗万无一失，俞大猷于海门（今广东省汕头市潮阳区海门镇）调集了100多艘战船，而戚继光则在月港（今属福建省漳州市龙海区海澄镇）集结了300多艘战船及一万多名士兵。除此之外，戚继光还征用了300艘渔船，运输了3000多石的粮食，确保了大军的后勤供应。在陆上，戚继光命令福建诏安、广东饶平地区的乡兵，在柏林一带驻守，严防吴平及其势力窜逃至内地。此外，他还将附近沿海的渔船全部交由官府统一看管，严防有人私通、接济吴平。

九月十六日，戚继光率军由玄钟到达柏林。之后，他乘小船出海，亲自查看南澳一带的地形。戚继光选中了一处叫龙眼沙的地方，这里位于南澳岛的腰部，距离吴平的大本营30里，由于远离吴平的巢穴，敌人防守不严，有利于大军迅速登陆并完成兵力集结。

戚继光命令曹南金督率方柏、朱九龙、戚子明等部队组成中路军，以方柏和朱九龙的部队为正兵，以戚子明的部队为策应的奇兵；金科督率金崇岳、冯焕、金守常、陈蚕等部队组成左路军，以金崇岳、冯

南澳岛
选自《筹海图编》明刊本 〔明〕郑若曾

焕、金守常三支部队为正兵,以陈蚕的部队为策应的奇兵;张迈督率鲍文龙、胡世、徐全等部队组成右路军,其中以鲍文龙和胡世的部队为正兵,以徐全的部队为策应的奇兵;吴京督率胡仲膏、陈禄、石成绍等部为机动部队,根据战况的变化,随时准备支援其他各路部队。

九月二十二日,戚继光率军成功登陆南澳岛,他们迅速树立起木栅,构建滩头阵地,为后续的军事行动打下了坚实的基础。第二天,吴平部2000余人发起进攻,戚继光指挥军队奋勇作战,吴平部大败而归,乱成一团,沿途自相践踏,丢弃的武器装备堆积如山。此战戚家军歼敌数百人,自身无一人阵亡。二十五日,吴平拿出3000两白银犒赏部队,挑选了精锐士兵3000人,再次对戚家军发起进攻。戚继光率军奋勇出击,再度大败敌军,歼敌500余人。连败两场之后,吴平落魄丧胆,藏进山林里,再也不敢出战。

九月二十五日,俞大猷率领广东水师的300余艘战船,顺利抵达南澳岛海域,与戚继光汇合。经过一番深思熟虑,他们制订了周密的作战计划。俞大猷指挥水师在海上拦截,以阻止海盗逃跑。与此同时,戚继光则带领陆军部队,通过海上迂回至敌人的侧后方,发起第二次登陆战,以期彻底消灭敌军。此外,他们还下达命令,要求福建诏安、广东饶平等地迅速调集乡兵,加强防御措施,以防止残余的海盗逃窜到内陆地区。

戚继光在准备第二次登陆战的过程中,对参战部队进行了分组。他将部队分为三个主要的作战方向:曹南金督率方柏、朱九龙等部作为中路军,由魏国和戚子明率领的部队进行策应;金科督率金崇岳、冯焕、金守常等部作为左路军,陈蚕的部队负责策应;胡世和鲍文龙率领的部队作为右路军,徐全的部队负责策应。此次部署作战的所有部队,都统一由李超进行指挥。与此同时,戚继光命令吴京督率陈禄、石成绍、毛

第五章 转战福建

介等部留在原地，吸引敌人的注意力，确保其他部队能够顺利地执行登陆作战的计划。

当时，吴平的注意力完全被戚家军的陆地进攻所吸引，反倒是放松了对距离其大本营咫尺之遥的宰猪澳的防守。于是，戚继光选定宰猪澳为第二次登陆的地点。十月四日，戚家军开始登陆。此次登陆完全出乎吴平的意料，他根本没有想到戚家军敢在他的眼皮底下登陆。戚家军各部进展顺利，中路军率先登岸，直取吴平大营；左路军绕道袭击吴平后寨，右路军绕道袭击土围，各路军互相策应，攻势凌厉。

吴平见状，亲自赶到前沿指挥，率部拼死顽抗。但是戚家军各部四面合围，士兵奋勇杀敌，吴平部根本无法抵抗，只得四散奔逃，有的人钻到树林里，有的人逃到船上，有的人跳到海里，狼狈不堪。戚家军各部水陆并进，将敌人巢穴彻底焚毁。此战，戚家军共计斩首1203级，敌人被烧死、溺死的有5000余人，戚家军解救被俘虏的朱玑等军民1800余人。

最终，吴平带领着40艘战船和800多名士兵仓皇逃走。俞大猷随即指挥汤克宽和罗继祖带领水军追剿吴平余部，同时，戚继光命令傅应嘉率部支援。两支队伍互相配合，成功击沉了敌方18艘战船，然而吴平还是带领剩余的海盗逃离了战场。吴平率部在饶平登陆，当地乡兵疏于防范，遭到吴平袭击后望风而逃，吴平趁机向潮州逃窜。

十一月十九日，戚继光亲自率军向潮州进发。二十七日，戚继光率军深入山林搜剿，吴平部大败，逃往雷州（今广东省雷州市）、廉州（今广西壮族自治区北海市合浦县廉州镇）。俞大猷命令汤克宽率水师追击，吴平闻讯后逃往安南（今越南中北部）。

嘉靖四十五年（1566）四月，戚继光听闻吴平逃到了安南万桥山，于是立刻命令傅应嘉、汤克宽率领广东、福建水师前去征讨。或许是吴

戚继光水军营图
选自《武备志》明刊本 〔明〕茅元仪

平真的已经跑累了,不想再跑了,他下令集结船队殊死顽抗。傅应嘉、汤克宽担心这次再让吴平跑了,于是下令各船火器全部开火,猛烈射击敌船。吴平穿着红袍,站在船楼上指挥部众死战,并叫嚣道:"一个人都不许投降!"即便如此,他依然无法抵御明军的进攻。眼见大势已去,吴平知道自己再无生路,于是把一只火铳绑在脚上,投水而死。至此,吴平部被彻底歼灭。

随着南澳之战的胜利,中国沿海大股倭寇和海盗基本被消灭,此后虽然时不时仍然有小股倭寇入侵,但是在戚继光精心打造的铜墙铁壁面前,都碰得粉碎。从嘉靖三十五年(1556)到嘉靖四十五年(1566),经过整整10年的奋战,戚继光终于肃清了倭寇,让沿海人民过上了久违的平静生活。他也实现了自己年轻时许下的愿望——"封侯非我意,但愿海波平"。

第六章

保卫北疆

第一节 北境狼烟

明朝中后期,威胁国家安全的除了东南沿海的倭寇,还有北方虎视眈眈的蒙古人,史称"北虏南倭"。

那些不断侵扰大明北方边境的蒙古人,实际上是明初被驱逐到漠北地区的元朝残余势力。至元八年(1271),蒙古大汗忽必烈正式宣布将国号改为"大元",标志着元朝的正式成立。然而,这个曾经辉煌一时的王朝,在忽必烈去世之后,却不可避免地走向了衰落。到了洪武元年(1368)正月,明太祖朱元璋建立了明朝。同年八月,北伐大军攻占了大都,元朝残余势力被迫退守到漠北地区,虽然他们在中原的统治已经终结,但仍然控制着长城以北的辽阔土地,这就像一把锋利的剑悬挂在明朝统治者的头顶,时刻威胁着国家安全。

为了彻底消除元朝残余势力的威胁,确保北部边疆的安全,朱元璋采取了积极的军事行动,多次派遣军队北征蒙古。明成祖朱棣继位后,也继承了这一政策,持续对蒙古保持军事压力。从永乐八年(1410)到永乐二十二年(1424),朱棣五次率军出征,屡次取得胜利,始终保持着明蒙战争的主导权。然而,到了明英宗朱祁镇统治时期,蒙古的实力逐渐增强,明蒙之间的攻守态势开始发生根本性的转变。正统十四年(1449)七月,蒙古瓦剌部的首领也先带领大军南下,对大同发起了进攻。在大太监王振的怂恿下,明英宗朱祁镇亲自率领军队出征,结果却在土木堡(今属河北省张家口市怀来县)被蒙古军队围困,最终全军覆

元世祖
选自《元代帝半身像》册 〔元〕佚名 收藏于台北故宫博物院

元世祖孛儿只斤·忽必烈（1215—1294），蒙古尊号"薛禅汗"，大蒙古国第5位大汗，元朝开国皇帝。年号"中统""至元"。

没，朱祁镇本人也被俘虏。这一事件在历史上被称为"土木之变"，它不仅标志着明朝军事上的重大失败，也成为明朝历史上一个重要的转折点。此后，国力大损的明朝在明蒙战争中彻底居于守势，战略主动权完全被蒙古人掌握。到了嘉靖时期，蒙古主要有三个部族，分别是鞑靼、土蛮和朵颜，其中以鞑靼最强，其首领是俺答汗。

正德二年十二月（1508年1月）出生的俺答汗，是蒙古成吉思汗黄金家族的后代。他以英明果断和雄才大略著称，是蒙古历史上的一位杰出领袖。在明蒙战争期间，蒙古人在军事上占据着上风，但由于长期的敌对状态，正常的商业交易根本无法进行。为了借互市贸易增强自身的实力，俺答汗进行了多次努力。嘉靖二十年（1541）秋季，他派遣使者石天爵前往大同，与明朝商讨互市事宜。然而，嘉靖帝不仅拒绝了提议，还加强了对蒙古的军事防御，并悬赏捉拿俺答汗。这激起了蒙古人的愤怒，俺答汗随即带领大军南下，直逼山西，大肆掠夺三关后撤退。

嘉靖二十一年（1542）夏天，俺答汗再次向明朝提出互市请求，石天爵作为使者再次前往谈判。不幸的是，大同巡抚龙大有将石天爵逮捕，并谎称是自己设计捉拿的，以此向朝廷邀功。嘉靖帝本就不愿与蒙古进行贸易，得知此事后，轻信了龙大有的谎言，不仅嘉奖了边关将领，还将石天爵处以极刑——磔刑（肢解）。这一行为彻底激怒了俺答汗，他愤怒至极，再次率领大军攻打明朝，横扫了十余个州县。

嘉靖二十五年（1546）夏天，俺答汗又派使者请求互市，结果边境守军直接将使者杀害，这又引得俺答汗率10余万大军入侵，大掠庆阳、环县一带。

连续多次的互市请求被拒，使者被杀后，俺答汗明白，如果不给予明朝沉重打击，嘉靖帝是不会同意互市贸易的。因此，他率领蒙古军队向南，直指北京城。嘉靖二十九年（1550）秋，俺答汗的部队沿着潮河川向南推进至古北口,蓟镇都御史王汝孝带领军队抵抗蒙古军,却遭遇败绩。蒙古军攻占古北口后,转而洗劫怀柔,围攻顺义、通州。蒙古军所到之处,大肆掠夺,百姓遭殃,明廷因此受到巨大冲击。

得知蒙古军侵犯京城,大同总兵仇鸾和巡抚保定都御史杨守谦急忙带兵前来支援。嘉靖帝紧急任命仇鸾为大将军,指挥各路军队。然而面对凶猛的蒙古骑兵,仇鸾和杨守谦却退缩避战。这无疑助长了蒙古军的气焰,他们在京城周边连续三天三夜进行焚烧和掠夺。此后,即便蒙古军撤退,仇鸾仍旧不敢主动出击,仅是跟随其后。不料俺答汗突然回师反击,大败毫无戒备的仇鸾。仇鸾本人险些被俘,明军死伤超过千人,遭受重创。这一事件发生在农历庚戌年,因此史称"庚戌之变"。

通州
选自《水程图(三)》册 〔明〕钱谷、张复 收藏于台北故宫博物院

在"庚戌之变"之后的次年春，俺答汗派遣其义子脱脱作为使者，再次向明朝提出互市的请求。这一次，嘉靖帝批准了俺答汗的互市请求，在大同地区开放了马市，并随后在延绥（今陕西省榆林市榆阳区）及宁夏设立了马市。

所谓的"马市"，指的是用蒙古地区的马匹交换中原地区生产的布匹、手工艺品等商品。明朝政府对允许交换的商品种类进行了严格的限制。但马匹大多掌握在蒙古贵族手中，草原百姓手中只有牛羊，于是俺答汗又向嘉靖帝申请让百姓以牛羊换粮食。对此，嘉靖帝表示拒绝，并斥责俺答汗得寸进尺、贪得无厌。在请求被拒绝后，俺答汗又开始掠夺，马市仅开通一年就关闭了。互市宣告失败之后，北境再无宁日，蒙古军队几乎年年入侵，边境无岁不战，双方再无和平可言。在嘉靖帝剩下的十几年生命里，北部边境一直如此。

这种局面直到隆庆帝继位后才得以改善。嘉靖四十五年（1566）十二月十四日，嘉靖帝朱厚熜驾崩，其子朱载垕继位，次年改年号为隆庆。隆庆帝与嘉靖帝的做法迥异，他一上台便迅速改善了与蒙古的关系，双方互市贸易被很快提上议事日程。

或许是苦闭关贸易已久，在隆庆帝登基后，朝廷中就出现了主张放宽海禁、支持民间对外贸易的呼声。隆庆元年（1567）二月，福建巡抚都御史涂泽民向朝廷上书，详述海禁政策的诸多不利，并请求开放贸易。隆庆帝迅速采纳了这一建议，宣布开放漳州作为对外贸易港口，并正式允许民间进行合法的海外贸易，这一政策被后世称为"隆庆开关"。由此，明初以来的海禁政策开始松动，民间私人的海外贸易终于合法化。随之，中国东南沿海的贸易逐渐繁荣，由走私引发的倭患得到了缓解。

倭寇问题的缓解，同时也与日本国内的政治变化有关。1560年，

《明穆宗坐像》轴
〔明〕佚名 收藏于台北故宫博物院

明穆宗朱载坖（1537—1572），号舜斋，明朝第十二位皇帝，明世宗朱厚熜第三子。

织田信长在"桶狭间合战"中击败了今川义元，为统一日本铺平了道路。此后，织田信长提出了"天下布武"的口号，确立了统一全日本的目标。他逐一击败敌对的大名，逐渐控制了日本的大部分领土，最终成为日本最强大的大名，结束了日本长达百余年的战国乱世。

戚继光抗倭大胜，日本也逐渐走向统一安定，在内外因素的综合作用之下，倭寇日益减少，中国沿海逐渐摆脱了倭患的困扰。

随着南方倭寇问题的逐步解决，活跃在北部边境线之外的蒙古就成了明朝的主要威胁。隆庆元年（1567）八月，工科给事中吴时来向朝廷提出建议，调派在抗倭战争中表现出色的将领谭纶、俞大猷和戚继光至北方，专门负责训练边军，以抵御蒙古的袭扰。隆庆帝将此事交由兵部讨论，兵部讨论后认为，俞大猷年事已高（此时已经65岁），不适合来北方，但谭纶和戚继光可以，隆庆帝同意了兵部的意见。

得知戚继光即将调任，福建的官员与民众感到极度不情愿。当时的福建巡抚上书表示："只要福建存在一天，就绝不能缺少这位官员！"当时倭寇刚刚被消灭，没人知道倭寇会不会再来，所以福建不能没有戚继光啊！

对此，隆庆帝也曾经犹豫过，但在九月，俺答汗率军进攻大同，横扫今山西北部地区，同时另一个蒙古部族土蛮攻击河北东北部，兵锋距离北京不到百里，导致北京一度进入戒严状态。北方严酷的国防形势容不得隆庆帝再犹豫了，他迅速下令调遣戚继光来北京。戚继光就像是救火队员一样，立刻不远万里北上赴任。

第二节 赴任蓟州

隆庆元年（1567）十一月，戚继光离开了他战斗多年的福建，北上赴任。

临行前，戚继光怀着极度不舍的心情与战友们告别，他赋诗道：

> 圣主筹边日，孤臣应召年。临池惊短鬓，聚梗识多贤。
> 二水分闽楚，丹心誓地天。感恩怀尺疏，直欲捣祁连！

在北上经过杭州时，戚继光与汪道昆重逢，并向他阐述了这次北上任职的挑战所在。他指出，与东南抗倭相比，在北方抗击蒙古有五大挑战。一是蒙古军队人数庞大，高达数十万之众。在绵延数千里的北部边疆，明军力量分散，而蒙古人能够集中力量攻打一点，导致明军常常处于劣势，难以抗衡。二是蒙古骑兵战力强劲，骑兵与步兵不同，往来如风，倏忽而至，机动性极强。三是北方不利于火器发挥战力。明军最大的优势是火器，但是北方大风凛冽，烟尘蔽天，且西北风偏多，明军处于下风向，不利于使用火器。四是草原骑兵行迹难觅，进攻毫无规律可循。五是北方各镇画地而守，彼此之间号令不一，因此难以互相支援。

不过，戚继光人还未到京师，便已经想好了对策。隆庆二年（1568）正月，刚到北京还没几天的戚继光就迫不及待地给皇帝上了《请兵破房四事疏》。在奏折中，戚继光对训练士兵、防御蒙古的策略进行了详细的论述。

第一事，练兵。戚继光提出，可以以其原有的戚家军旧部为种子，先调1万戚家军北上，训练他们如何在北方环境下作战。这些兵训练好之后，将他们分散到北京附近各地区，与当地招募的士兵共同训练，以加快训练过程。这样大概有1年的时间，这些部队就可以完成训练。当这支部队训练好之后，再将其分散到北部各大边镇，去协助训练其他边镇的部队，如此循环，就可以有越来越多的部队变成训练有素的精兵。

第二事，议食。士兵的粮饷，一半由当地解决，一半由中央财政解决，这样中央和地方都不会因财力过度耗竭而陷入困境。

第三事，制器。戚继光认为，武器装备的生产应充分利用各地的特色优势。例如，广东应专注于生产藤牌，福建应负责打造刀具，浙江应专攻鸟铳的制造，而山东和山西则应负责战车与百子铳的生产。各地兵器制造必须由精于此事的专人管理，从而保证武器的质量。

第四事，均赏罚。戚继光认为，作战最重要的事情之一就是赏罚严明，标准统一，公正公开，以充分激励士气。

戚继光最后表示，假使给与他训练10万精兵的机会，他将主动对蒙古军队发起攻势，并且战胜他们，那么"多余的士兵就可以裁减，不必要的开支就可以削减。将修筑边防的费用转用于物资供应，撤回边防的兵力以加强训练，这样还能节省购买马匹的费用，修复屯田政策，不仅增强了军队的实力，也有助于国家的富裕"。若朝廷觉得10万士兵太多，那么给他5万也足够，他同样能够抵御蒙古的侵扰，确保边境数十年的稳定与安全。如果5万也不行，那就给他3万，这样虽然不一定能有大功，但足以完善边塞，进行防守，以逸待劳。

隆庆二年（1568）五月，隆庆帝颁布诏书，正式任命戚继光为蓟州、昌平、保定等地的练兵总兵官，所有总兵以下的军官均须听从戚继光的指挥。到任之后，戚继光接连上了多封奏折，包括《呈修各路边墙》《预定策应兵马》《添筑黑峪关重墙》《督发标兵，更代边军收割》《七原六失四弊疏》等，详细陈述了自己守边御敌的意见。

隆庆三年（1569）正月，朝廷将原蓟镇总兵郭琥调回，改任戚继光为蓟镇总兵，镇守蓟州、永平、山海关等地，由此，戚继光开始了他14年的驻守生涯。

从明朝初期到中期，明朝政府在北方长城沿线陆续设立了9个独立的边防重镇，即辽东镇、蓟州镇、宣府镇、大同镇、太原镇（又称三关镇）、延绥镇（又称榆林镇）、宁夏镇、固原镇。这些边防重镇依据分地守御的原则，划定了各镇的管辖范围。各防区内屯住有数量不等的军队，防区内最高军事指挥官为总兵。九边重镇情况如下。

辽东镇，其总兵官驻所设在广宁卫（今辽宁省北镇市），在隆庆元年（1567）后，移至辽阳（今辽宁省辽阳市），管辖地区主要是今辽宁省北部和西部；蓟州镇，总兵官驻所设在三屯营（今河北省唐山市迁西县三屯营镇），管辖地区东起今河北省秦皇岛市东北的山海关，西至北京市昌平区西北居庸关长城一线；宣府镇，总兵官驻所设在宣府（今河北省张家口市宣化区），管辖地区相当于今河北省西北部内外长城一带；大同镇，总兵官驻所设在大同（今山西省大同市），管辖地区相当于今山西省外长城以南，东自晋、冀省界，西至大同市西北一带；太原镇，总兵官驻所设在偏头（今属山西省忻州市偏关县），管辖地区相当于今山西省内长城以南，西起黄河，东抵太行山；延绥镇，总兵官驻所设在绥德州（今陕西省榆林市绥德县），后移至榆林卫（今陕西省榆林市），管辖地区东至黄河，西达定边营（今陕西省榆林市定边县）；宁夏镇，总兵官驻所设在宁夏（今宁夏回族自治区银川市），管辖地区相当于今宁夏贺兰山及甘肃省白银市景泰县以东，宁夏吴忠市盐池县以西，石嘴

蓟镇总图
选自《九边图说》〔明〕佚名

山市以南，吴忠市同心县及甘肃省白银市靖远县以北地区；固原镇，总兵官驻所设在固原（今宁夏回族自治区固原市），管辖地区相当今宁夏回族自治区南部及甘肃省东南部一带；甘肃镇，总兵官驻所设在甘州卫（今甘肃省张掖市），管辖地区相当今甘肃省嘉峪关以东、黄河以西和青海省西宁市附近。

在9个军事重镇里，蓟镇、宣府镇和大同镇因为靠近京师而尤为关键。在嘉靖二十九年（1550）"庚戌之变"期间，蒙古骑兵部队轻易地攻破了蓟镇的防线，直接威胁到北京城，这暴露出蓟镇边防存在严重的缺陷。蒙古退兵后，嘉靖帝出于加强京师防御的需要，决定大力加强蓟镇边防，由此蓟镇的战略地位得到凸显。

按照戚继光过去的想法，他想训练10万大军，对蒙古采取积极防御的策略，但是当时的状况决定了这一切不可能实现。首先，明朝中央政府实在无力负担如此庞大的开支，10万士兵的军饷，每年就需要超过100万两白银。此外，军队所需的粮食和武器装备也是一笔巨额开支。其次，即使真的练成了10万大军，把这么庞大的军队交给戚继光一个人统帅，皇帝是绝对不会同意的。虽然戚继光对朝廷忠贞不贰，但是皇帝依然认为，由一个武将统领10万大军驻扎在京师附近，是一个巨大的威胁。

即便戚继光提出的招募3万名新兵的最低请求，朝廷依旧未同意，仅允许他在蓟镇现有的兵力中选拔3万人进行训练。然而，驻防蓟镇的军队长期缺乏明确的指挥和精良的装备，训练松懈，士兵们对敌人心生畏惧，士气低落，毫无战力可言。蓟镇军官的素质更是堪忧，平日疏于练兵，战时只会选择逃跑。因此，戚继光请求调遣自己在浙江的3000名戚家军到蓟镇，希望他们能成为练兵的典范和标杆。朝廷这次批准了戚继光的请求，于是3000名浙江子弟兵便开赴蓟镇。

这 3000 人刚到，就赶上和蓟镇士兵一起操练，结果天气突变，大雨倾盆。那些蓟镇士兵见状，立刻开始四散去找地方躲雨，但是 3000 戚家军士兵由于没有得到命令，因此依然直挺挺地站在暴雨之中，连续几个小时雨下个不停，他们始终没有挪动，反而越发精神饱满。在此之前，蓟镇士兵早就听说过戚家军的光辉事迹，初见之时他们觉得这些士兵个子矮小、皮肤黝黑，没什么过人之处。然而，经过此事，他们开始对戚家军肃然起敬。

从此之后，戚继光将 3000 戚家军和 3 万蓟镇士兵混合编队，严格训练，一支虎狼之师逐步成形。

第三节 再造劲旅

担任蓟镇总兵之后,戚继光面对的最现实的问题就是如何抵御蒙古骑兵的进攻。

蒙古骑兵与倭寇在单兵作战能力上都表现出色,然而明军在这方面并不占优。即便面对的是战力卓绝的明军,蒙古骑兵依旧占据着明显的优势。经过周密的思考,戚继光选择以团队作战来应战,他提出了组建由车兵、步兵、骑兵混合组成的车营来对抗蒙古骑兵。隆庆二年(1568)六月,戚继光刚上任练兵总兵官一个月,在谭纶的请求下,朝廷便向蓟镇拨款4.6万两白银,用于打造战车和火器。戚继光成为蓟镇总兵后,前后组建了7个车营。在这些车营中,每营都装备了数量不等的重型战车、轻型战车及大量的步兵和骑兵,还有用于拖拽战车的骡子和马匹。

戚继光组建的车营,其核心力量无疑是重型战车。整车重达600多斤,装备了两架佛郎机(一种火炮)作为主要攻击武器,同时战车一侧还配备了长达5米的车厢,用以抵御箭矢的攻击。然而,重型战车在运输和移动上显得笨重不便,需要5~6名士兵轮班拖拽,每行进5里就得替换一次拖车的士兵。在长途行军时,则利用骡子、马匹等来拖拽。营中也装备了全重300多斤的轻型战车,便于远距离行军使用。除此之外,每个营还配有8辆大将军车(大口径火炮)。

车营中,每辆重型战车都有明确分工的编队。每辆重型战车配置大

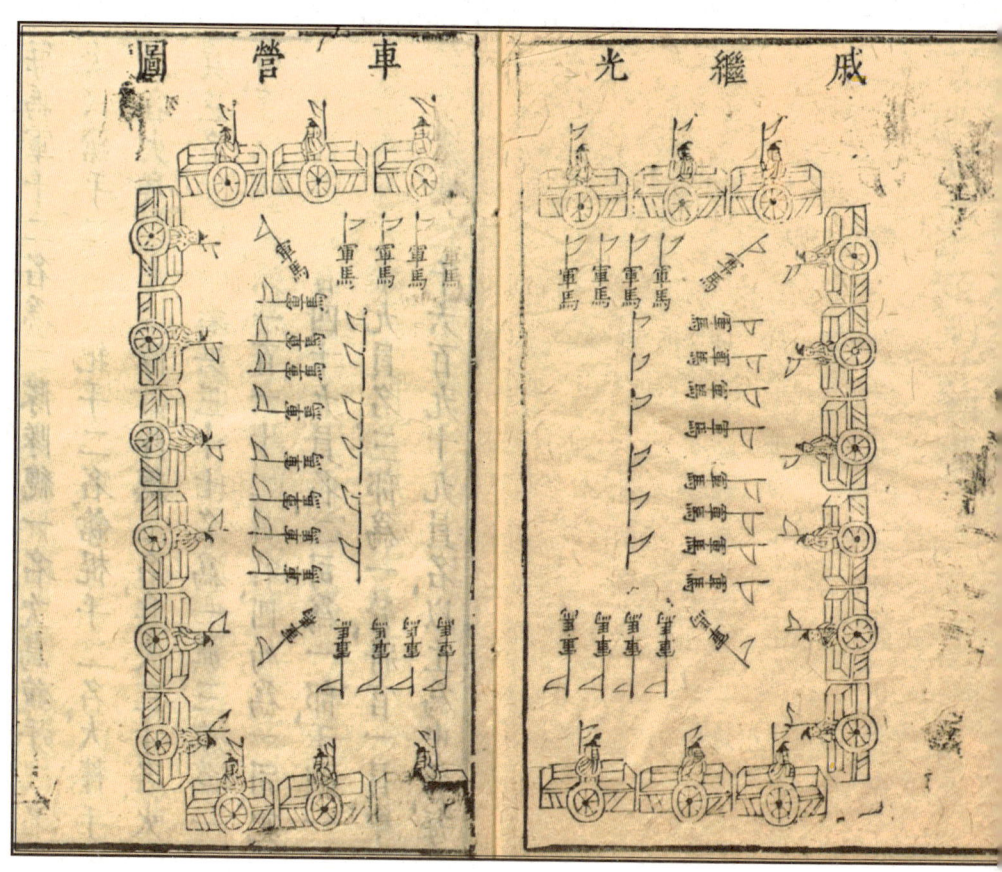

戚继光车营图
选自《武备志》明刊本 〔明〕茅元仪

第六章 保卫北疆

约 20 名士兵，士兵被分成两个小组，小组里有负责操作佛郎机、鸟铳等远程武器的人员，以及装备镗钯、盾牌等近战装备的战士。除此之外，还有负责指挥、驾驶和后勤补给的专门人员。轻型战车的队伍同样由类似编制的士兵组成。

除了战车和步兵，每个车营还配有骑兵部队。这些骑兵队伍同样采用编队形式，每队由 12 人组成，他们携带鸟铳、快枪、镗钯、枪棍、大棒等多种武器，以适应远、近距离的战斗需求。为了增强骑兵队伍的火力，他们还装备了虎蹲炮。

在战场上，除了武器和火力，后勤补给同样至关重要。戚继光为了满足车营的后勤需求，专门设立了 3 个辎重营，负责运输粮食和武器。每个辎重营拥有 80 辆大车，每辆车由 8 匹骡子拉动，一次能运输 12 石 5 斗的粮食，每辆车由 20 名士兵负责管理和护送。一个辎重营能够保

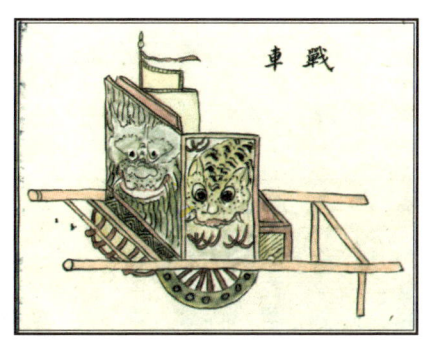

战车
选自《治平胜算全书》〔清〕年羹尧

战车是专为陆地战斗而设计的工具。在古代，战车是由马匹拉动的，通常由单轴（辕）、双轮、方形的车舆（车厢）组成，可以由 4 匹马或 2 匹马拉动。车内有 3 名甲士，其中中间的一名负责驾驶，被称为"御者"；左侧的一名负责远程射击，被称为"射"或"多射"；而右侧的一名则负责近战，被称为"戎右"。

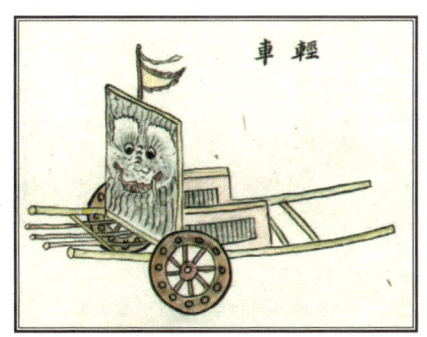

轻车
选自《治平胜算全书》〔清〕年羹尧

中国古代的兵车，是最轻便的兵车。

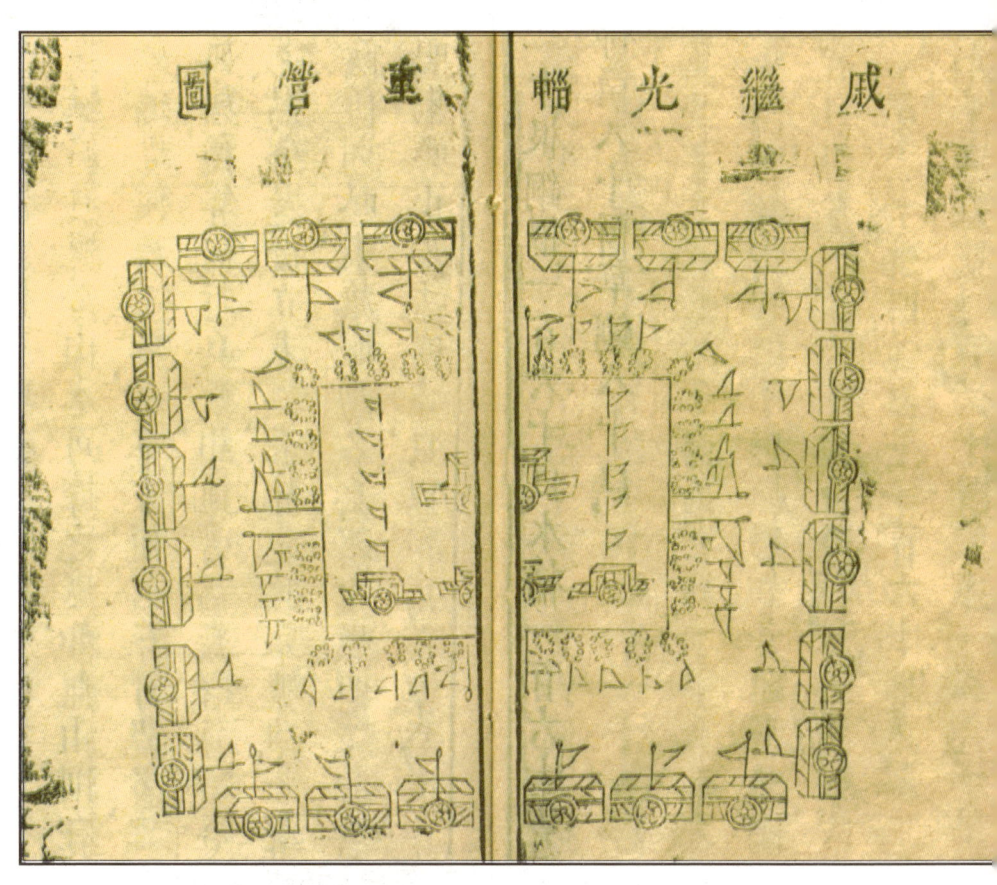

戚继光辎重营图
选自《武备志》明刊本 〔明〕茅元仪

障一个车营3～4天的粮食补给。

车营整体展现出明显的攻防优势。

首先，其火力之强不容小觑。在车营中，超过半数的战斗人员是操作火器的士兵。与传统的冷兵器相比，火器不仅威力巨大，射程更远，而且射击时发出的巨响足以震慑蒙古骑兵的马匹。另外，使用火器对士兵体力的要求远低于强弓硬弩。

其次，车营的防御能力同样出色。车营中重型战车和轻型战车的总数超过300辆，一字排开可绵延1千米之长。即便排成方阵，每面也长达200多米，足以抵御弓箭和骑兵的冲击，使得蒙古骑兵的优势难以施展。

最后，车营通过骑兵、步兵和车兵的混合编组，能够充分利用各兵种的特长。明军在发现并拦截敌人时，会首先利用鸟铳、快枪、佛郎机等武器进行远距离射击。随着敌人逐渐靠近，明军则会使用虎蹲炮、大将军炮、火箭等重型武器对敌人造成大规模杀伤。当敌人逼近战车后，士兵则用冷兵器与其进行近战，同时用火炮和火箭继续攻击敌人。经过这几轮战斗，敌人基本会被击败，最后骑兵就可以出击，对敌人实施追歼。

在整个战斗过程中，战车起着屏蔽作用，是步兵作战的依托。如果没有战车，在火器射击速度较慢的情况下，步兵将难以抵挡敌军骑兵的冲击。然而，仅仅依赖战车也是不够的，如果没有大量的火器和步兵的支持，那么车阵即使再坚固，也会被敌人攻破。同样，如果没有骑兵的协助，那么在敌人败退时，士兵就会失去歼敌的手段。因此，战车营各兵种有机结合，充分发挥了各自的优势，从而形成一个强大的战斗集体。

除建立车营外，戚继光还极为注重改善士兵的武器装备。在此之

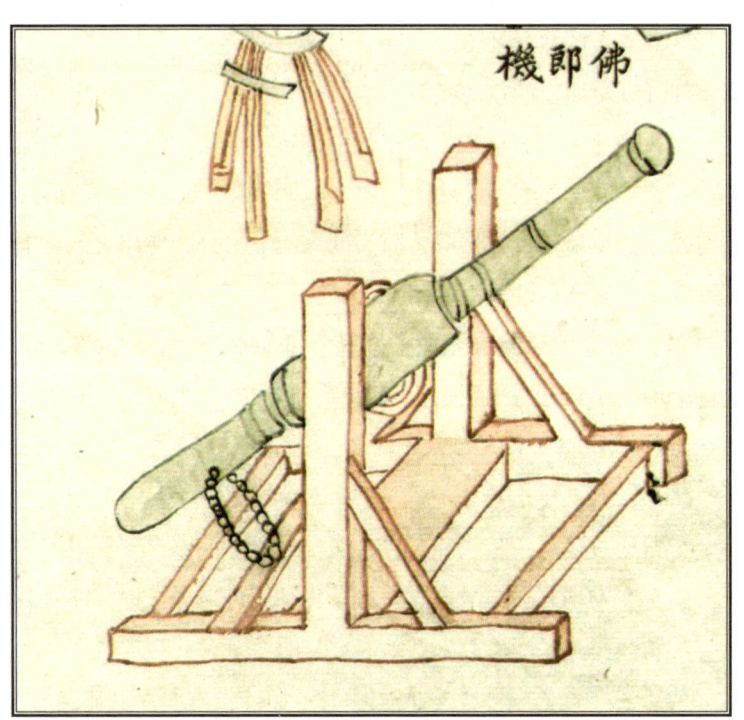
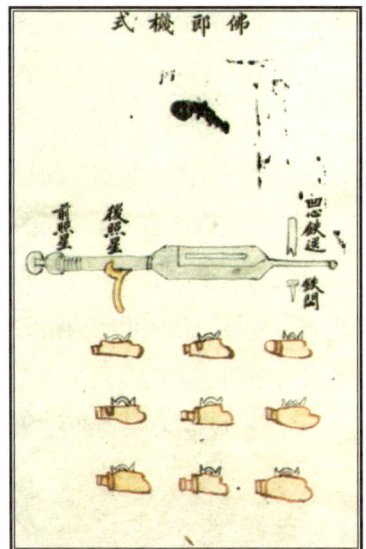
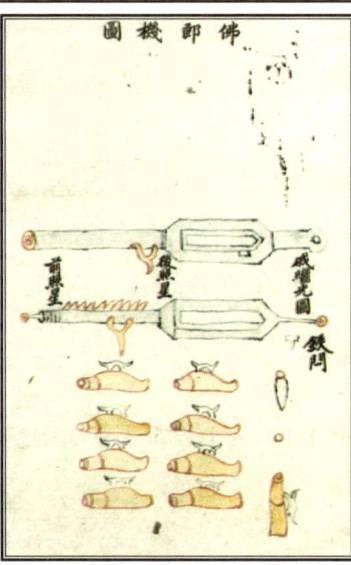

佛郎机　选自《治平胜算全书》〔清〕年羹尧

第六章 保卫北疆

前,蓟镇明军已经装备了大量的火器,但是在和蒙古军队的战斗中依然是屡战屡败。戚继光到任后,他在检查武器装备的过程中,发现明军的火器质量粗劣不堪,完全无法适应战场需要。其中最大的问题就是弹丸不圆,枪管制造技术不佳,导致火铳装填困难。按照明军的作战规定,火铳手应当排成三排,第一排射击,第二排准备,第三排装填。但是蓟镇士兵在实际作战过程中,装填速度非常慢,往往是第一排、第二排士兵射击完毕时,第三排士兵根本就没装填好。不得已,士兵需要排成八九排,才能让后排士兵有时间装填完毕。

这样一来,一支3000人的部队,每排就只有三四百人,这些人临战之时,必然会有人胆战心惊、手忙脚乱,导致射击毫无准头,所以真正能够稳定准确射击的士兵只有200多人。因此,明军每排士兵一次齐射不过只能击中几十名敌人,但是由于明军当时火药低劣,弹丸威力小,破甲能力低,即使命中了几十个敌人,也根本打不死几个。在这种情况下,明军屡战屡败就不难理解了。

因此,戚继光到任后,下大力气改进武器装备的生产。他任命技艺精湛、清正廉洁的官员负责武器装备的生产,严厉惩处贪污经费、中饱私囊等行为。同时,他对武器装备的质量进行严格的审查,一旦发现有质量低劣的装备,就立刻追根溯源,严惩相关责任人。对于外地运来的装备,戚继光也严查质量,绝不接受不合格的装备。在戚继光的努力之下,蓟镇的武器质量迅速改进。

不仅如此,戚继光还发明和引进了很多过去没有的武器来装备蓟镇的军队。

一是无敌大将军炮。明军原有的大将军炮为铜铸,重千余斤,打完一发后,需要耗费大量的时间和人力填装第二发,发射效率极低。在戚继光成为蓟镇总兵之后,他按照佛郎机炮的样式,将大将军炮进行了改制，称之为无敌大将军炮。每套无敌大将军炮由一门主炮和三门子铳组成。在发射时，首先将子铳装填上火药和炮弹，子铳准备就绪后，再将其安入母铳之中，然后用铁闩进行固定，一旦装填完毕，即可进行射击。经过改进后，无敌大将军炮一次最多能发射500枚弹丸，其形成的弹幕宽度可达60多米，能对冲锋的敌军造成毁灭性打击；无敌大将军炮的子铳设计轻便，一个人就能提起，打完一发后，马上就能拿出来并换上下一个子铳，因此三个子铳可以轮番交替射击，装填和发射速度都非常快，可以达到连续射击的效果。

二是虎蹲炮。这种轻型火炮全长仅有约0.66米，炮身由7道铁箍加固，炮头由两个铁爪支撑，类似于现代迫击炮，主要采用曲射方式。在射击时，士兵将其固定放置，形似蹲伏的猛虎，所以得名虎蹲炮。虎蹲炮整体重量轻巧，全重仅36斤，便于单兵携带，展现出极高的机动性，适用于山地、森林和水田等复杂地形的作战。作为戚继光军队中常用的火炮之一，虎蹲炮的杀伤力虽有限，却擅长集中火力打击众多敌人。其炮管细长且薄，射程较短（大约500米），每次可装填5钱重的小弹丸或小石子约100枚，发射时小弹丸和石子齐飞，覆盖范围广泛，因此特别适合在野战中对大规模骑兵队伍进行有效打击。

三是"三飞"。这是一项由戚家军首创的便携式单兵火箭技术。在那时，戚家军拥有三种不同类型的火箭，它们被称作飞刀、飞枪和飞剑，统称为"三飞"。这些火箭以长度为2米、直径大约2厘米的荆木为箭杆，箭头部分长16厘米，有刀、枪、剑三种形状。箭头后面连接着直径为6厘米的火药筒，点燃后可以达到300步的射程，威力惊人，足以穿透多层铠甲。每个车营能够携带多达15000支火箭，其杀伤力之大不言而喻。

四是钢轮发火。钢轮发火装置与现代地雷相似，它的机匣中有一

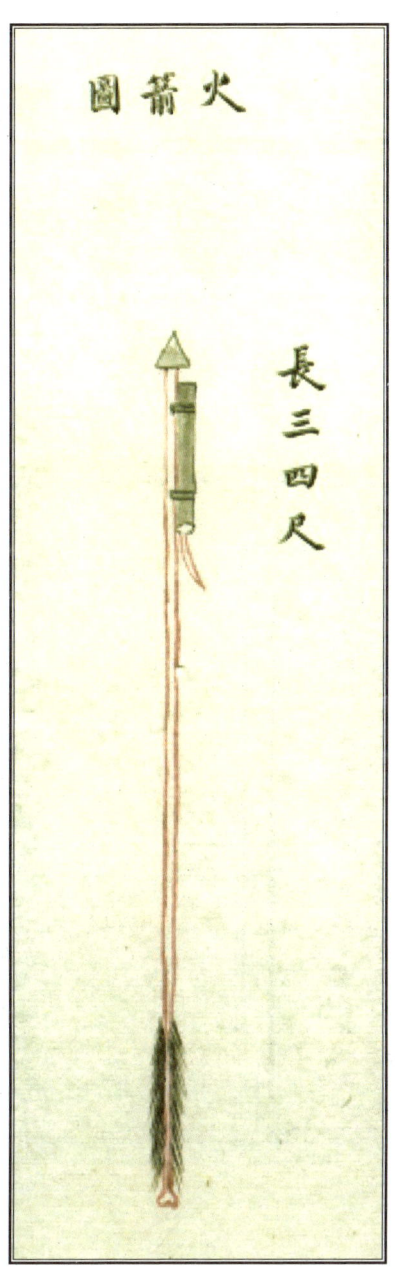

火箭
选自《治平胜算全书》〔清〕年羹尧

个内置的传动机制,无须手动点燃。当敌人踩上它时,匣内的坠石会下落,导致钢轮与火石剧烈摩擦产生火花,从而触发爆炸。

得益于戚继光的不懈努力,蓟镇的明军装备了最新型、最优良的武器,这使得他们在武器方面具备了与蒙古人抗衡的绝对优势,蓟镇明军的战斗能力因此显著增强。

虎蹲炮
选自《治平胜算全书》〔清〕年羹尧

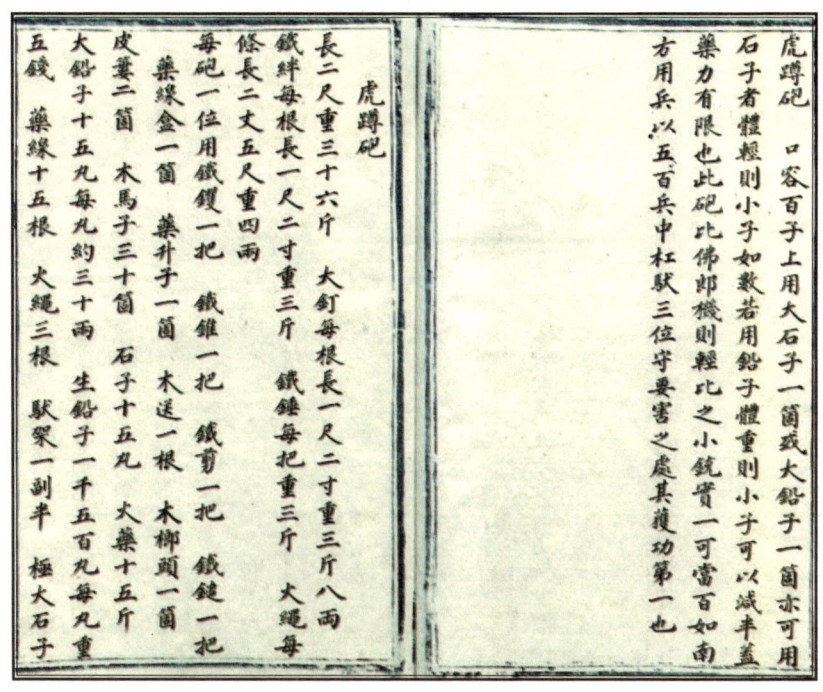

虎蹲炮
选自《治平胜算全书》〔清〕年羹尧

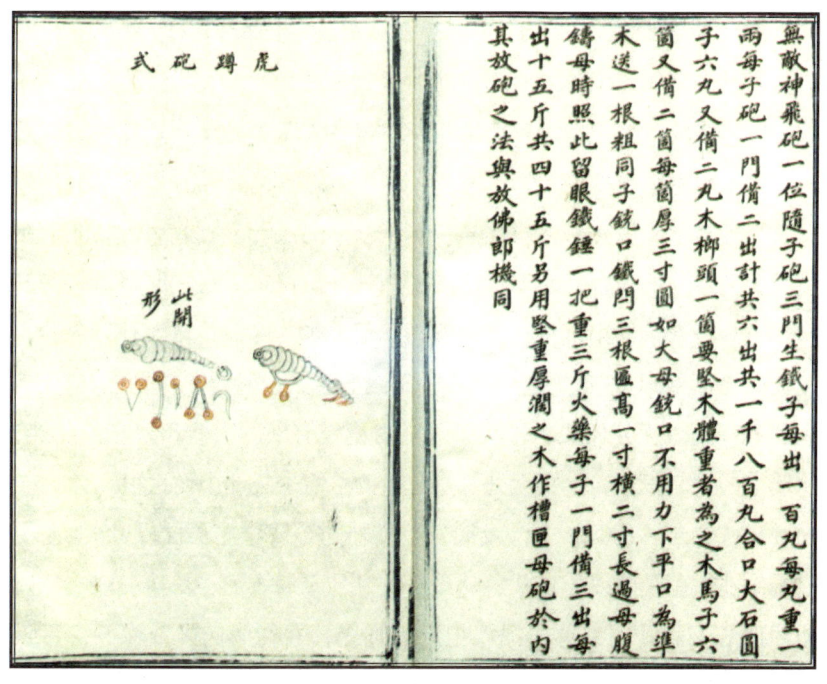

無敵神飛砲一位隨子砲三門生鐵子每出一百丸每丸重一兩每子砲一門備二出計共六出一千八百丸合口大石圓子六丸又備二丸木柳頭一筒要堅木體重者為之木馬子六筒又備二筒每筒厚三寸圓如大母銃口不用力下平口為準木送一根粗同子銃口鐵門三根區高一寸橫二寸長過母腹鑄母時照此留眼鐵鎚一把重三斤火藥每子一門備三出每出十五斤共四十五斤另用堅重厚潤之木作槽匣母砲於内其放砲之法與放佛郎機同

第四节　整饬边防

戚继光在加紧训练部队的同时,还大规模修建坚固的边防线,以实现他"驻重兵以当其长驱,而又乘边墙以防其出没"的防御策略。

蓟镇各处多山川大河,还有很多险峻的关隘,"一夫当关,万夫莫开"的险要之地非常多。此外,有很多高耸的山岭可以作为瞭望的平台。明军占据如此优越的地理条件,按照常理,蒙古大队骑兵是很难攻破蓟镇防线的。然而,事实恰恰相反,蒙古大队人马反倒是可以横行无忌,明军根本无法抵挡。

为了强化蓟镇防御,戚继光构筑了众多的敌台。所谓敌台,即是在边墙之上建立的高台。明朝自建国初期就开始修筑边墙,但是边墙上只有一些砖石修筑的小台子,比边墙高不了多少。此前,在没有敌台的边墙上,冬天寒风呼啸,夏天酷暑烈日,士兵无处躲避,执勤非常艰苦;火器和弹药也无处储藏,士兵只能随身携带有限的火器和弹药;此外,边墙上的护墙很矮,士兵无处躲避敌人的弓箭,战斗中伤亡很大。

隆庆二年(1568)末,戚继光上呈朝廷《请建空心台疏》。他在奏折中阐述了蓟镇防线的现状,从山海关延伸至居庸关,长达2000多里,防线既长又单薄。戚继光提议把边墙加厚,并在两侧设置垛口,每隔七八十个垛口设置一个小门,以便边墙下的人能够迅速支援。他还建议在边墙向外突出的部位建造大量空心敌台,次要区域每100步建一个,重要区域每30步或50步建一个。这些空心敌台形似民间的瞭望塔,高

第六章　保卫北疆

空心墩
选自《武备志》明刊本　〔明〕茅元仪

度约16米,边长约40米,中心为空,分为3层,每座敌台可容纳100人,底层用于存放武器和粮食,中层供居住,顶层用于战斗和防御。

戚继光估算,若要构建坚固的防线,蓟镇需建造3000座空心敌台,每座成本为50两白银,总计需15万两。若朝廷每年提供5万两白银,3年内即可完成建设。

为了更好地修筑空心敌台,戚继光亲自到边防线进行实地考察,还将弟弟戚继美调来专门负责修筑敌台。戚继美比戚继光小6岁,此时担任山东沂州把总。

戚继光总是不辞辛劳地到工地视察,对待修筑敌台一事犹如杀敌般奖惩分明。

蓟镇的每座敌台,在开工之初都会给工人50两银子作为工料犒赏,竣工之后会进行评估。若敌台被评为最高等级,将额外获得50两赏银;评为上等的,可得40两;评为中等的,则得25两。这种奖励制度显著提升了工匠们的建造热情,使得蓟镇的敌台普遍建造得极为坚固。

在这个过程中,戚继光也严惩了一些修筑不力的人。遵化县城东北几十里的洪山口一带,地势险要,是边防重地。然而,守卫洪山口的张守备为了省事,竟然将敌台修筑在洪山口以南的坡地上,并且修筑得歪歪扭扭,不成样子。当戚继光巡视边防来到洪山口,看到平缓的山坡上修筑的敌台和边墙时,不禁质问张守备。张守备见戚继光铁青着脸,根本不敢隐瞒,只得将情况如实禀报。

戚继光听后勃然大怒,怒斥道:"你身为朝廷命官,竟然违抗军令,视边防如儿戏,我岂能轻饶?来人,把他带回大营治罪!"回到大营,戚继光召集各路将领,通告张守备的罪状,然后将其斩首示众。在将张守备斩首之后,戚继光另派其他将领重修洪山口的长城。如今,在洪山口长城以南的坡地上,依然保留着一段长城的遗迹。许多人不理解,怎么在这里会有这么一段孤零零的长城呢？其实，这就是当年张守备违令修筑的。

在戚继光的尽心督促之下，敌台和边墙的修筑有条不紊地推进。隆庆三年（1569）十月，戚继光来到石塘岭（今属北京市密云区）视察，看到参将陈勋修的一座敌台既坚固又漂亮，不仅是一座边境的防御工事，更可以称得上是一方美景。站在这座漂亮的敌台之上，眺望着大好河山，戚继光诗兴大发，写作了《石塘岭鹦鹉岩》二首：

其一：

翠羽丹崖敞碧天，飞来风雨不知年。
肯饶寸舌呼余粒，惟有精神倚暮烟。

其二：

侧身天地欲言难，故向空山戢羽翰。
雨后千林争起色，月中片石怯生寒。
更无金锁惊春梦，似有清音落暮滩。
一自边城留幻迹，陇西云树几凋残。

隆庆三年（1569），明军在长城沿线一共建造敌台472座，其中，蓟镇367座，昌平镇105座。到隆庆六年（1572），蓟、昌二镇一共建造敌台1206座。到了万历九年（1581），这一数字增加到1448座。这些敌台构成了一道坚固的边防线，史称："各路边山，但系要害之冲可通大举者，今悉控扼无余矣。"

如今，长城内外的硝烟早已消散，喊杀声也早已远去，但这些敌台却在变换的星空下矗立至今。在它们的守护下，长城宛如巨龙展现出了更加恢宏磅礴的气度。它们同长城融为一体，共同化作中华民族的精神图腾被历史永远铭记。同样，戚继光和谭纶等人所付出的心血和努力，也在历史的星空中闪耀着光芒，被一代代中华儿女永远铭记。

通过修建敌台，戚继光打造了一条坚实的固定防线。但是，如果想防御蒙古骑兵，单靠这条固定防线是不够的，他还建立了另外一条移动防线——外围警戒系统。

戚继光认为，自古以来，名将及善于守卫边防的人，其成功的关键可以归纳为以下九个字：谨烽火，远斥候，明哨探。现如今，蓟镇的敌台和边墙已经逐渐完善，"谨烽火"是没有什么问题的，因此接下来就要在"远斥候""明哨探"上下功夫。如果能够在几十里，甚至几百里之外广泛布置侦察兵，那么就能做到提前预警、提前准备，从而以逸待劳，击败来犯之敌。因此，戚继光在前沿布置了大量的明哨和暗哨。

所谓明哨，实际上就是卧底。这些人穿着蒙古人的衣服，说着蒙古人的语言，骑着蒙古人的马匹，混进敌人的营地里，收买敌营里面的人员，从而刺探消息。明哨在获得确切的消息之后，立刻回来报告。这些人的任务非常艰险，通常要离开大营几百里，甚至上千里，一走少则一两个月，多则三五个月，并且在路上有可能被蒙古人杀死。

正是因为明哨的任务非常艰巨，所以戚继光对于明哨的选拔非常严格，他们必须熟悉敌情、有勇有谋、忠于国家，只有这样的人才能担此重任。不过，戚继光对他们的管理非常宽松，待遇也非常优厚。但是明哨的踪迹容易被敌人侦察到，每当敌人有大动作时，就会对附近的明军明哨严密搜索。明哨有可能被杀，也有可能因为躲避敌人的搜捕而无法及时返回，从而导致消息无法迅速传回。因此，单单派遣明哨是不够的，还需要派遣暗哨。暗哨往往潜伏在敌军必经之路附近，监视敌人的动向，从而弥补明哨的不足。

当时蓟镇一共有十二路，即十二个防区，这十二路之下设有二十六提调（官职名称，负责某一区域的防守）。在这些地域，戚继光部署了众多的明哨与暗哨，借助于明哨、暗哨以及敌台所构成的综合预警体系，明军能够迅速了解敌人的行动，进而调动军队，做出及时反应，避免了战时出现猝不及防的意外情况。即便在蓟镇兵力紧张的背景下，戚继光仍投入了高达7500人的兵力用于侦查敌情和传递信息，这充分体现了他对预警系统的高度重视。

除了训练士兵、修筑工事、加强侦察等工作，戚继光还下大力种树屯田。

通过实地考察，戚继光发现，北方气候寒冷，土地干燥，即使有树林也非常稀疏，很难打造像南方那样茂密的森林。于是戚继光广泛栽种适合北方环境的柳树、榆树等树木。他还下令把荒芜的土地全部清查出来，对这些荒芜的土地不再征粮，只对有人耕种的土地征粮，这样大幅减轻了留下来的士兵的负担。对于荒芜的土地，戚继光规定，如果有士兵有余力耕种，就发放给他们耕牛、工具和种子，鼓励他们耕种，并承诺这些土地前3年无须交粮。戚继光的政策获得了士兵的热烈拥戴，蓟镇士兵无不感念戚继光的恩德。那些逃亡的士兵在听说了戚继光的仁政之后，也纷纷回来了。戚继光既往不咎，让他们继续屯田戍边。在戚继光的管理之下，蓟镇的经济得到了长足的发展，部队员额完整，军粮充实，蓟镇防线愈加坚不可摧。

自从戚继光来到北方之后，经过他几年的苦心经营，蓟镇的国防形势有了显著的改善，敌我态势也发生了重大变化。在整个隆庆年间，尽管强大的蒙古军队先后多次进攻山西和辽东，但是始终不敢再侵扰蓟镇。

第七章

北疆和平

第一节　隆庆和议

在隆庆帝时期，明蒙关系发生了重大变化，隆庆帝放弃了嘉靖帝一味敌视蒙古的政策，开始尝试缓和与蒙古的关系。

此事要从蒙古内部的一件事说起，俺答汗的孙子把汉那吉，自幼失去双亲，在俺答汗妻子的照料下成长。隆庆四年(1570)冬，把汉那吉计划迎娶袄儿都司之女为妾。这位女子，实际上也是俺答汗的外孙女。俺答汗见这位外孙女长得十分美丽，竟然将其据为己有。把汉那吉年轻气盛，见到心爱的女子被爷爷占有便生出反心，带领十几名随从投降了明朝。

这次，历史站在了和平一边。时任大同巡抚方逢时接纳了把汉那吉，并将此事通报给了宣大总督王崇古。由于把汉那吉的特殊身份，明廷对于他的处置十分小心。王崇古给隆庆帝上奏折，提出了相对稳妥的处理方式：首先给把汉那吉加官晋爵，好吃好喝地供着，观察俺答汗的反应。如果俺答汗着急了，就说明俺答汗在意这个孙子，可以用他来交换汉人叛徒；如果俺答汗不在意，就威胁要杀把汉那吉，逼迫俺答汗交出叛徒；如果蒙古还是不同意交出汉人叛徒，就将把汉那吉扶植起来，用以削弱鞑靼的力量。等到俺答汗去世后，再将把汉那吉送回去，助他与蒙古新王互相抗衡，迫使鞑靼分裂。

对此，隆庆帝十分赞同，于是根据王崇古的建议，给把汉那吉封了官，同时，将此事通知了俺答汗。

第七章 北疆和平

当俺答汗得知孙子把汉那吉已经投降了明朝，他迅速采取行动，紧急召集了所有的部族成员，准备发动进攻，迫使明朝政府将把汉那吉交还给他。面对这种紧张的局势，王崇古严令各地的将领加强边界的警戒和防御。与此同时，为了缓和紧张的局势，王崇古还派遣一位名叫鲍崇德的使者前往俺答汗的营地，向他表明，明朝会友好对待把汉那吉，并且向他保证，只要俺答汗能够将那些背叛汉人的叛徒，如赵全等人，引渡给明朝，作为交换条件，明朝将立刻释放把汉那吉。俺答汗毫不犹豫地同意了明朝的要求。

在隆庆四年（1570）十一月，汉人叛徒赵全、李自馨等人被俺答汗遣送至明朝，而明朝则将把汉那吉归还给蒙古。明朝处理把汉那吉投降事宜的方式十分得当，双方都感到满意，明朝和蒙古之间建立了难得的互信关系。

事后，俺答汗向隆庆帝上表称谢，并借此机会，再次向明朝提出了互市的要求。为了促成此次互市，俺答汗作出了重大让步——向明朝称臣，请求明朝皇帝对自己进行册封。

面对俺答汗时隔近20年再次请求互市，以及表达称臣意愿的情况，王崇古上奏了《确议封贡事宜疏》，他详尽地阐述了互市的种种利益。王崇古认为，如果明朝能够接受俺答汗的请求，那么明蒙边境将会享受到至少数年的和平与安宁。这样的和平时期，对于明朝来说，是一个宝贵的喘息机会，可以用来加强和修缮战备设施。只要有3～5年的时间，明朝的军队就会恢复士气，边防也会变得更加严密和坚固。到了那个时候，即便蒙古的各个部落仍旧怀有反叛之心，明朝的军队也已经通过长时间的休整，具备了足够的战斗力，能够有效地进行战斗和防御。采取这样的策略，不仅可以确保边境的长期安宁，而且还能大幅度减少国家财政的开支，无论是从当前还是从长远来看，都是一个利大于弊的决策。

此外，王崇古还条陈八议，包括赐封号官爵、定贡额、议贡期贡道、议立互市、议抚赏之费、议归降、审经权、戒矫饰，对明蒙之间关系的种种细节问题都进行了详细的论述，被称为"封贡八议"。

隆庆帝深刻地反思了嘉靖帝时期，由于拒绝互市贸易所导致的边境地区战乱不断、边患频仍的严峻局面。为了改变这一状况，隆庆帝一边加强边防的建设，一边积极地回应了蒙古俺答汗的互市请求。隆庆五年（1571）三月，隆庆帝正式颁布诏书，封蒙古俺答汗为顺义王。明朝与蒙古之间正式开展互市贸易，双方在边境地区开放了11个贸易口岸。通过这些口岸，蒙古人可以携带金、银、牛马、皮毛、马尾等物资，与汉人商贩进行交换，换取锦缎、布匹、釜锅等生活必需品。此外，明蒙双方还达成了重要的协议，双方约定严格约束各自的将士，以防止边境地区发生不必要的军事冲突。同时，为了进一步维护边境的和平与稳定，双方还规定，如果有人从一方逃往另一方境内，接收方必须立即将其遣返。

此事史称"隆庆和议"。虽然"隆庆和议"是一件可喜可贺的事情，但并没有让戚继光肩膀上的担子减轻多少。俺答汗统帅的蒙古鞑靼部主要与明朝的山西、陕西、甘肃等地接壤。其他威胁明朝边境的蒙古部族主要是土蛮和朵颜三卫，他们叛服不定，所以明朝和鞑靼之间关系的缓和并没有让蓟镇的边防形势有根本改善。

土蛮，是蒙古察哈尔部的首领孛儿只斤·图们的谐音，其尊号"札萨克图汗"。明朝政府经常将其部落称为"土蛮部"，有时直接以"土蛮"二字代表整个部落。蒙古土蛮部的实力远逊于俺答汗所部，袭扰明朝的次数也没有俺答汗频繁，其袭扰的地区主要是辽东，偶尔也会进犯蓟镇。

第七章 北疆和平

朵颜三卫是明朝政府在东北蒙古地区设置的3个羁縻卫所，即朵颜卫、福余卫、泰宁卫。朵颜三卫最早设置于明洪武二十二年（1389），辖区大致相当于今内蒙古自治区东部和吉林省西部地区。在三卫中，朵颜卫的实力最强大，因此三卫又被合称为"朵颜三卫"。后明太祖朱元璋的儿子宁王朱权就藩于大宁卫（今内蒙古自治区赤峰市宁城县），朵颜三卫就在宁王朱权的管辖之下。

建文元年（1399），燕王朱棣起兵靖难，用计挟持了宁王朱权，同时收编了朵颜三卫的部分军队。朵颜三卫在之后的靖难之役中立下了赫赫战功。

在永乐年间，明成祖朱棣在辽东地区设立了奴儿干都司，并且将都城迁到了北京。这一系列举措为的是确保辽东及北京的安全和稳定。为了达到这一目的，明成祖将朵颜三卫视为外藩，即作为边疆的屏障和缓冲地带。到了宣德年间，朵颜三卫开始逐渐向南迁移，他们选择在靠近今天河北省和辽宁省的内蒙古南部地区放牧。正统初年，朵颜三卫的活动范围进一步扩大到了蓟辽边外的潢河、老哈河一带，这些地区成为他们放牧的主要场所。然而，随着时间的推移，明朝的国力逐渐衰弱，朵颜三卫逐渐摆脱了明朝的控制。自成化年间起，朵颜三卫开始依附于蒙古的鞑靼部，并且多次组织力量入关进行劫掠活动，给明朝边境的安全带来了巨大的威胁和挑战。

面对着土蛮和朵颜三卫两大劲敌，戚继光不敢有丝毫懈怠。隆庆六年（1572）秋，戚继光奏请在蓟镇进行一次实战性的合练。戚继光的这一建议得到了内阁首辅张居正的支持。十月，戚继光的老朋友、已经升任兵部右侍郎的汪道昆率领众官员代表朝廷来到蓟镇，阅视此次军事演习。

这次演习是一次规模罕见的综合性军事演练，从二十二日到二十八日，一共持续了7天，明军参战官兵总人数达到10万人。这次演习充分证明戚继光建立战车营、修建敌台、改善武器装备、加强侦察预警体系等一列守边御房的举措都是非常有效的，蓟镇整体的防御达到了空前的牢固。经过这次演练，戚继光对蓟镇的防御更有信心了，他作了一首诗《汤泉大阅》，表达此时的心情：

> 使者临关日拥旄，天威只尺壮神臯。
> 指挥乍结车骑阵，战守还凭虎豹韬。
> 万阁凌霄金作垒，五兵飞雪玉为刀。
> 年来愧博君王宠，幸有边尘识二毛。

这次阅视后，朝廷肯定了敌台的功效，并给予戚继光更多的支持。戚继光因此向汪道昆提出增修敌台的请求，在汪道昆的支持下，次年，朝廷便批准戚继光在滦河以东、居庸关以西、松棚诸路增修敌台200座，几年后又批准在蓟、昌二镇增修敌台500座，并将蓟镇车营增加到10个，由此，蓟镇的边防更加巩固。

汪道昆对戚继光最大的帮助是为戚继光排除干扰。在回京后，汪道昆上奏朝廷，指出蓟镇存在两个最大的问题，分别是"罪罚不平"和"变置太亟"。"罪罚不平"是指军队作战失利后，只有总督、总兵等高级官员被惩罚，而下面作战不力的参将等中级军官却不予处罚，这就导致这些人在战场上毫无斗志且有恃无恐。"变置太亟"是指敌人一旦攻破边墙，朝廷立刻就把官员抓起来问罪，丝毫不给他们改过自新、戴罪立功的机会。"罪罚不平"和"变置太亟"导致边镇将领更换频繁，边防政策难以达到长期稳定。于是汪道昆建议，一旦战败，全军上下共同责罚，不能有人脱罪，同时也要给将领补救和戴罪立功的机会。汪道昆

第七章 北疆和平

的建议得到了朝廷的同意,这为戚继光在蓟镇的改革扫除了重要障碍。

戚继光本来期盼能够借此次阅视震慑蒙古,但是显然,这个目标没有实现。

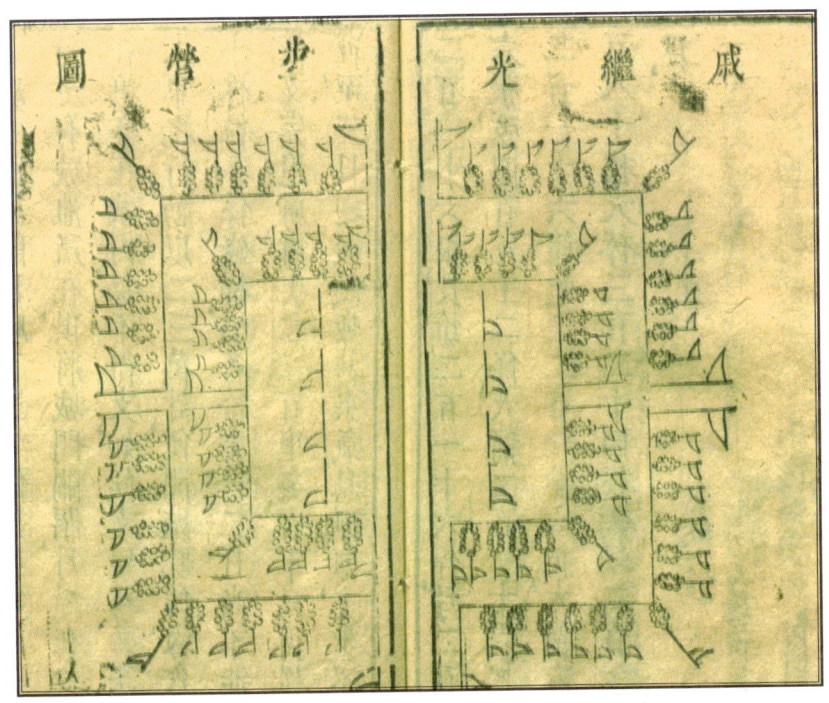

戚继光步营图
选自《武备志》明刊本 〔明〕茅元仪

第二节 屡败强敌

在蓟镇,戚继光遇到了一个强大的对手——董狐狸,也叫作董忽力,是蒙古朵颜部的首领之一。董狐狸的部众主要居住在哈剌兀速(今辽宁省葫芦岛市建昌县大凌河上游附近)一带。嘉靖二十七年(1548),董狐狸之父革兰台去世,他与兄长影克一同统领部落。隆庆元年(1567),董狐狸联合察哈尔部,带领数万骑兵突袭界岭口(今属河北省秦皇岛市抚宁区),遭到明军的猛烈反击而溃败,影克在义院口(今河北省秦皇岛市海港区义院口村)阵亡。此后,董狐狸与影克之子长昂继续领导部落与明军抗衡。

由董狐狸、长昂等领导的蒙古朵颜部,是一个基于家族关系的部落群体。一方面,他们与土蛮、鞑靼等势力强大的部落联姻,在这些部落南侵明朝时担任向导,从而获得好处,但也不时遭受鞑靼和土蛮部的掠夺;另一方面,他们在表面上臣服明朝,有时会向明朝通报鞑靼和土蛮入侵的情报,但有时也会南下进攻明朝。总之,朵颜部与鞑靼、土蛮、明朝之间是一种复杂的关系,朵颜部在强者之间不断摇摆,叛服无常。

隆庆二年(1568)十二月,董狐狸及其侄子长昂在会州(今属河北省平泉市)集结军队,计划对铁门关(今属河北省唐山市迁西县)、青山口(今属河北省秦皇岛市抚宁区)等地发起军事行动。戚继光闻讯之后,立刻率领刚刚组建的车营转移至墙子岭(今北京市密云区墙子路村)。在得知蒙古军队已经到达青山口之后,他立即率军向青山口进发。

第七章　北疆和平

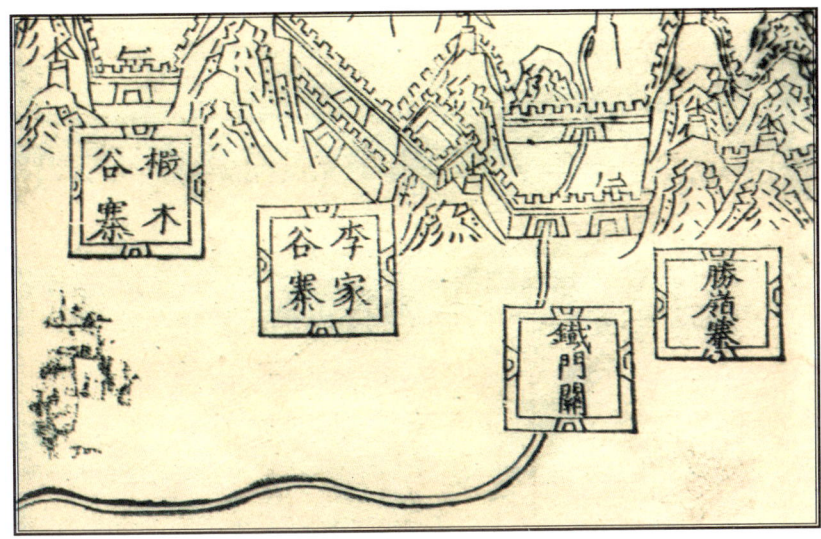

铁门关
选自《九边图说》〔明〕佚名

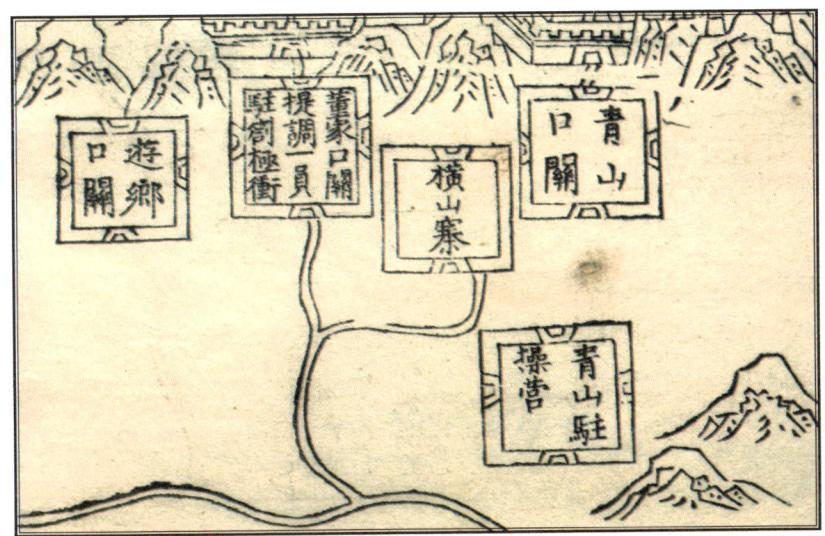

青山口
选自《九边图说》〔明〕佚名

戚继光率军先用鸟铳、火箭、大炮击退了蒙古骑兵的冲锋，随后追击，再度击败蒙古军队，董狐狸率部狼狈逃窜。

青山口之战是戚继光与蒙古军队的第一次实战，也是戚继光组建的车营第一次经受实战的检验。战斗中，车营步兵以战车为依托，使用火器打退了蒙古骑兵的冲锋。随后，车营骑兵跟踪追击，最终击败蒙古军队，将其赶出了长城。

尽管成功击退了董狐狸所部的猛烈进攻，但戚继光深知蒙古人的威胁并未就此消失，他们绝不会轻易放弃，定会伺机再次发起袭击。因此，他清楚地意识到，自己必须采取一切可能的措施，做好充分的准备，以应对未来可能出现的诸多挑战和威胁。戚继光开始着手整饬军队，在隆庆四年（1570）六月召集蓟镇大小军官，举行军事会议。在这次会议上，根据自己之前观察到的问题，戚继光提出了具体、明确的要求。

针对将士作战不积极、缺乏进取心的情况，戚继光命令各营必须有自己独特的旗帜颜色，这样在共同作战时，哪个营奋力作战，哪个营怯懦后退，一目了然。如果发现有部队临敌后退，那么立刻把这支部队的军官绑过来军法从事。每支部队要多设置两三名副手，这样一旦主官临敌怯懦被缉拿，副手可以立刻接替指挥，以保证整支部队的作战不受影响。

针对亲兵和普通士兵待遇不同的问题，戚继光明令所有士兵必须一视同仁，享受同样的粮饷和训练条件。不仅如此，戚继光还特别强调，每一支基层部队都必须具备独立作战的能力。蓟镇边防的基础是边境的敌台，每一座敌台都配备十至几十名士兵。当敌人进攻时，一旦攻至边墙之下，敌台就有可能被敌人包围，成为孤立的小作战单位。这时，这支小部队如果不具备独立作战的能力，局面将会对他们非常不利，其中队长的作用尤其重要。戚继光还要求，必须在边墙的后面设立游兵，一旦发现某座敌台的士兵临阵脱逃，立刻军法从事。

为了让官兵上下一心，防止下级不顾上级安全，不听上级命令，只顾自己逃命，戚继光还颁布了连坐法。当时明军的编制是每10人为一队，设队总，自下而上分别是队总、旗总、百总、把总、千总、参将。在战场上，如果参将坚决抵抗，下边的士兵溃逃，以致参将被杀，那就将下面的千总斩首；如果千总坚决抵抗，下边的士兵溃逃，以致千总被杀，那么就将下面的把总斩首，以此类推，直至队总。如果士兵溃逃，导致队总被杀，则本队所有士兵都要偿命。这就改变了以往只惩处主官的弊端，一旦战斗失利，上自将军，下至士兵，谁都逃脱不了惩罚，所有人都必须拼命抵抗。

在这次长达6天的会议上，戚继光让各将领畅所欲言。众将领提出了很多问题，包括战车的使用方略，火器的使用，明哨、暗哨的设置，敌台的守御方法，等等。对于这些问题，戚继光一一作了解答。会议结束之后，戚继光大宴诸将，宴会后众人在演武场共同起誓，立志保卫蓟镇安宁。戚继光写了一首《庚午夏六月檄召诸将登坛会盟》送给诸将：

独立怀知己，多歧叹宦情。
古今谁侠气，天地一愁城。
万里犹投笔，千年羡请缨。
君俱学剑者，报国有新盟。

此后，戚继光又陆续对明军做出了许多改革。他要求各防区相互为援，不得据守各自防区，自分彼此。他还规定，遇到警情时，如果警情发生在燕河营、石门寨，则三屯营标兵首先赴援，其后的赴援顺序依次为遵化、密云、昌平；如果警情发生在马兰峪、太平寨三路，则遵化营标兵首先赴援，其后的赴援顺序依次为三屯营、密云、昌平；如果古北口、黄花镇有警情，附近明军也要按顺序增援。凡是遇到警情需要调兵援救，每路首先各发2000名骑兵，快速到达警情发生地，与当地主兵联合拒敌。随后，车兵跟进，到本路各个重要道口严阵以待，各路策应兵马也次第跟进。所有行动均以调兵指令为准，违期者军法处置。

经过戚继光的不懈努力，明蒙之间出现了显著变化。经过多年的训练、装备更新、车营组建，戚继光所率领的蓟镇明军已经具备了在战术上的优势。蒙古军队非常畏惧戚继光，每当听闻戚继光率军追来，立刻逃之夭夭。蓟镇明军的战斗力总体有了显著提升，在万历元年（1573）头两次的蒙古入侵中，戚继光都需要亲自率军抵御蒙古人，但是后两次蒙古入侵，已经不需要戚继光亲自出马了，明军各部已经可以独立行动抵御蒙古人，并且都取得了成功。

戚继光所建立的综合性边防体系开始发挥作用。蒙古军队每次入侵，明军总是能够准确掌握其动向，立刻前往准确的地点进行阻击，这证明了明军明哨、暗哨、烽燧等预警体系是有效的；蒙古军队每次都没有时间抢掠，这就证明他们再也无法在明军边防线上来去自由，戚继光建立的敌台体系有效地抵御了蒙古人；蒙古军队听闻明军追击之后总是望风而逃，这就证明了戚继光打造的车营对蒙古人产生了巨大的震慑力。

隆庆六年（1572）五月二十六日，隆庆帝朱载坖英年早逝，年仅36岁。朱载坖去世后，他年仅10岁的儿子朱翊钧继承了皇位，次年改年号为万历，这标志着明朝历史进入了一个新的时期。这时，万历帝刚刚登基，由于年纪尚小，对国家的统治自然充满了不确定性。与此同时，经过多年的休养生息，董狐狸所部的实力已经得到了极大的恢复和增强。在这种背景下，董狐狸认为，这是再次发起对明朝边境入侵行动

第七章 北疆和平

的绝佳时机。

万历元年（1573）二月，董狐狸带领他的部众对拿子谷（今河北省秦皇岛市抚宁区拿子峪村）发起了大规模的进攻。面对这一突发事件，戚继光迅速组织起防御力量，果断地率军进行堵截，成功地斩杀了3名敌军士兵。最终，董狐狸所部被迫撤退，逃窜而去。

四月，董狐狸率部进犯桃林口（今河北省秦皇岛市卢龙县桃林口村），戚继光率军迎击，斩首3级，并率军一直追至塞外。

五月，董狐狸率部勾结土蛮入侵界岭口，戚继光命令王轸率军迎击。此战明军击败蒙古军队，几乎活捉了董狐狸，并斩首15级，缴获战马53匹，兵器369件。

六七月间，董狐狸再度率军入侵窟窿台（今属河北省秦皇岛市抚宁区），遭到明军堵截，明军斩首6级，缴获战马12匹及大量武器装备，董狐狸率军退回塞外。

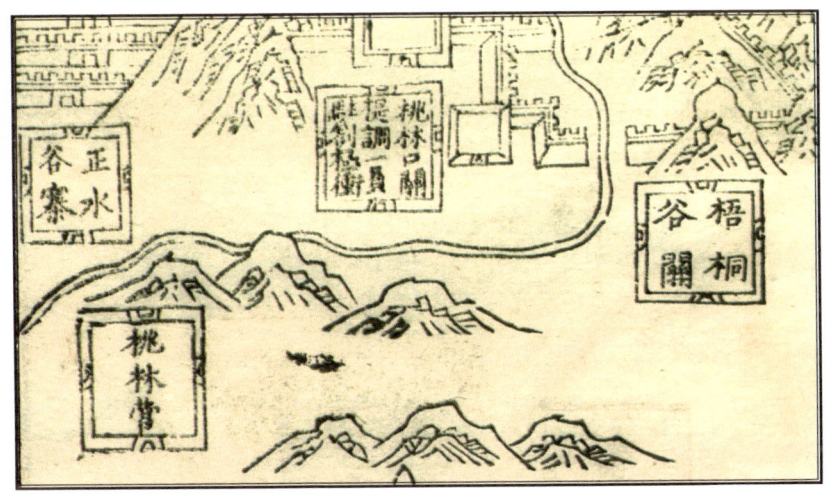

桃林口
选自《九边图说》〔明〕佚名

第三节　蓟门宴然

虽然在万历元年（1573）屡战屡败，但是董狐狸整体实力未损，万历三年（1575）正月，董狐狸和他的侄子长昂准备共同率军进犯。

此次董狐狸进攻的目标是董家口（今河北省秦皇岛市海港区董家口村）。然而，当董狐狸率军到了董家口附近时，他却惊愕地发现，明军士兵早已在敌台和边墙上严阵以待！

原来，戚继光早料到董狐狸必然来犯，便严令戍边将士不可懈怠，董狐狸大肆征召人马，早已被戚继光发现。

董狐狸目睹明军已经做好了充分的防御准备，只得无奈地撤回了自己的部队。然而，他未曾预料到的是，戚继光早已命令两支明军队伍分别从榆木岭（今河北省唐山市迁西县榆木岭村）和董家口这两地出发，迅速出塞，对敌军展开了积极的追击行动。董狐狸只得下令部众快马加鞭，赶紧逃跑。

董狐狸跑了150里，才算是摆脱了明军的追击。还未来得及喘息，他又发现自己的弟弟长秃被明军俘虏了。此时，长秃已经向遇到的大队明军俯首投降。长秃被俘后，整个朵颜部大乱。长昂带领部众转移到了会州，不敢再靠近边墙与明朝为敌。而长秃的部众在听说首领被俘后举族震动，为了保证长秃的安全，他们纷纷表示愿意永远效忠明朝，绝不再入侵。

这一变化给了明朝一个绝佳的镇抚朵颜部的机会。于是，戚继光立

第七章 北疆和平

董家口
选自《九边图说》〔明〕佚名

即将此事上奏朝廷。兵部指示："逆则威之，顺则怀之，驭夷之经也。然必长昂诚心悔祸，归我掳掠，永身诣关，补进贡物而后可许……"也就是说，朵颜部如果想归顺，必须证明其真心。若真心归顺，朵颜部就要释放其俘虏的明朝人员，亲自到关前请罪，并补齐以前拖欠的进贡，然后明朝才可以答应他们。于是，戚继光就将这些要求传达给了朵颜各部。

长秃被俘之后，他的部众在向明朝表示归顺的同时，还把怒火全部指向了董狐狸，毕竟当初是董狐狸软硬兼施，逼着长秃一起去进攻明朝，现在长秃被俘虏了，不找他找谁？长秃的部众怒火中烧，磨刀霍霍，眼瞅着朵颜部的内战就要爆发。此时董狐狸也不得不屈服了。他明白，仅凭自己的力量是无法战胜戚继光率领的蓟镇明军的，还不如趁着现在自己部众还算完整，尚有与明朝和谈的筹码，及早归降明朝。如果今日朵颜部真的爆发了内战，那么即使他可以获胜，也必然元气大伤。届时，戚继光必然会痛打落水狗，估计那时再想求和，戚继光也不会搭理了。

万历三年（1575）三月初一，董狐狸和长昂带领着部落240多名主要头目，来到了喜峰口的外围，此行他们是为了请罪。初三，戚继光及蓟镇副总兵史宸亲自前往喜峰口迎接，并且接受了董狐狸及其他部落首领的归顺。当董狐狸、长昂等人亲眼见到戚继光时，他们表现出了极大的敬意和悔意，纷纷跪倒在地，向戚继光献上了表达认罪诚意的表文。他们不仅归还了之前俘虏的7名明军侦察人员，还把曾经侵扰明朝边界的2名蒙古人和1名汉人一同捆绑起来，交给了戚继光。此外，他们还献出了7匹珍贵的贡马，以此作为赎罪的象征，并恳求戚继光能够释放被明军俘虏的长秃。戚继光看到他们确实是真心归顺，并且基本满足了明朝的要求，于是接受他们的认罪，然后将长秃释放。

第七章 北疆和平

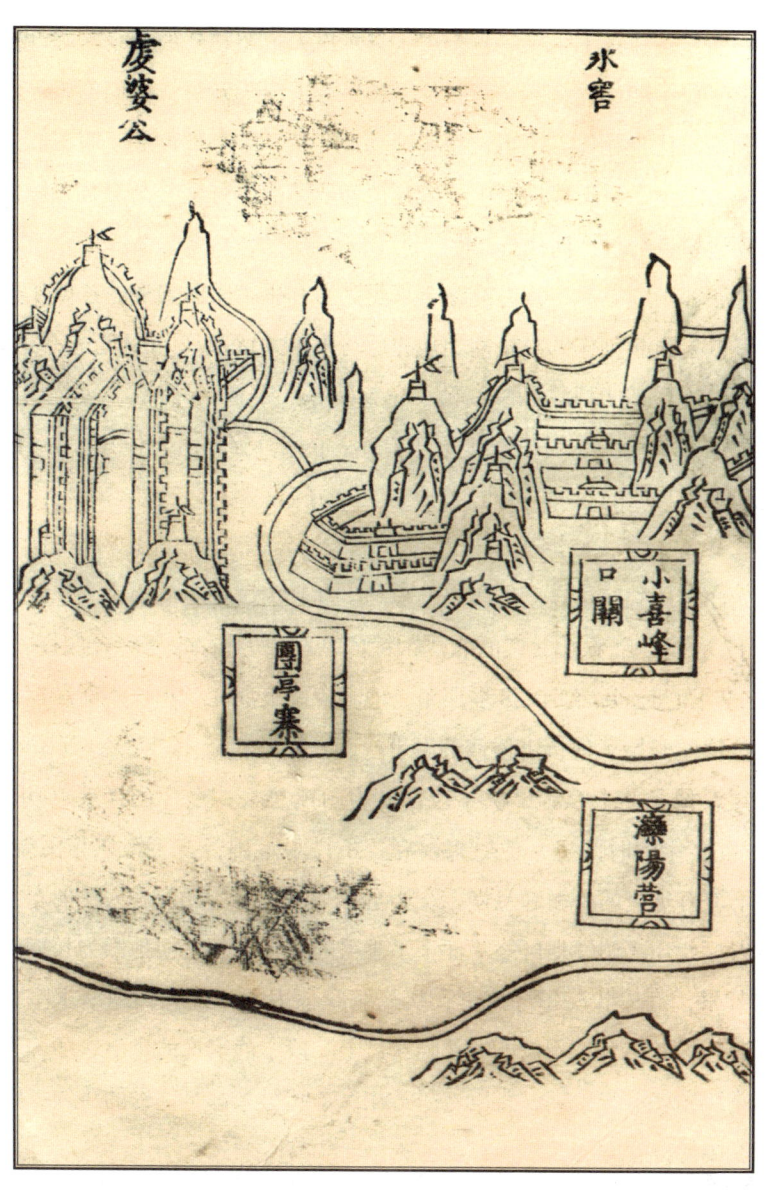

喜峰口
选自《九边图说》〔明〕佚名

初四，董狐狸和长昂等首领踏入喜峰口。依照朝廷的命令，戚继光向他们发放了朝廷的赏赐。董狐狸、长昂等人向天发誓，他们的后代将永远归顺，代代相传，不再侵犯明朝。这一次，朵颜部彻底臣服于戚继光的威名之下。自那以后，在戚继光镇守蓟镇的岁月里，朵颜部未曾再对明朝边境进行过任何侵扰。

朵颜部归顺之后，戚继光终于享受到了和平带来的安逸。这两年也成了戚继光文学创作的高峰期，他先后写下了《留别亭记》《近喜亭记》《蓟门汤泉记》《仙舟洞》等文章。

眼见大明江山稳固，戚继光终于放下心来。万历五年（1577），戚继光迎来了自己的50岁生日，他决定告老还乡。

这一年二月，戚继光向朝廷呈上了《上养病疏》。在这份奏疏中，戚继光详细地叙述了自己多年来的戎马生涯和为国效力的历程。他说自己在17岁时，继承了父亲的职位，担任了登州卫指挥佥事，在山东工作了11年的时间；到了28岁那年，他奉命南下浙江，担任了浙江都司佥事，从此开始了他抗击倭寇的军事生涯，整整打了12年仗；到了40岁那年，他又北上京师，次年被任命为蓟镇总兵，至今已接近10年。在这30多年的时间里，他夙兴夜寐，不畏艰难困苦，不惧风霜雨雪，始终不敢有丝毫的松懈和怠慢，全心全意为了国家的安定和人民的安宁而努力。如今，蓟镇地区终于迎来了难得的和平时期，而他因为长期的奔波劳累，身体状况每况愈下，疾病缠身，因此，他恳切地请求皇上恩准自己告老还乡，希望能够在晚年过上一段宁静安逸的生活，颐养天年。戚继光表示，史宸、张臣、胡守仁、李超等人都是优秀的将领，完全可以接替自己。

在此期间，戚继光还创作了《病中偶成（三首）》：

其一：

第七章 北疆和平

燕越烽烟二十春,一朝病集未闲身。
忽来窗外黄梅雨,又送新愁到耳频。

其二:

边愁隐隐上颠毛,肺病那堪转侧劳。
惟有空庭一片月,漫移花影护征袍。

其三:

风尘已老塞门臣,欲向君王乞此身。
一夜零霜侵短鬓,明朝不是镜中人。

戚继光的这封奏疏上呈朝廷后,并未得到批准。不得已,戚继光只得继续在北境驻守。事实证明,戚继光所期待的和平尚未真正到来。

万历四年(1576)六月,蒙古炒蛮部到古北口外请求赏赐,不巧遭遇连日大雨,导致食物短缺,于是冒险到明朝边境抢劫。明军将领苑宗儒和汤克宽率军追击,然而他们轻敌冒进,只带着50人就深入穷追,结果在战斗中,汤克宽不幸战死。

汤克宽是抗倭名将,南直隶邳州(今江苏省徐州市睢宁县)人。嘉靖年间世荫官都指挥佥事,后任浙江参将,曾击败侵扰温州的倭寇。嘉靖三十二年(1553),汤克宽于海盐独山大败倭寇,斩千余人。嘉靖三十四年(1555),汤克宽跟随总督张经大败倭寇于王江泾。嘉靖四十三年(1564),汤克宽跟随俞大猷大破倭寇于广东海丰,官至广东总兵。战后汤克宽招降了海盗曾一本,但是曾一本降而复叛,汤克宽因此获罪，被贬至蓟镇，结果没想到战死于此。

汤克宽战死后，戚继光也因此获罪，被朝廷"夺俸"。万历七年（1579）春，未受到大明报复的炒蛮部再度蠢蠢欲动，准备袭击曹家寨和古北口。他们的行动早就已经被明军侦察到，戚继光命令前沿明军加强戒备，同时命令另外一路明军断其归路。面对严阵以待的明军，炒蛮部没能攻破他们的防线，于是不得不返回，结果在苇子谷与明军遭遇。明军斩首5级，俘虏11人，缴获马匹18匹和武器500余件，炒蛮部其余人马仓皇逃窜。明军追出去60里，最终因山林险阻才不得不撤回。

此战之后，炒蛮部见识到了戚继光的厉害，于是叩关请罪，献出原来俘虏的明军12人，表示自此以后永远不敢再反叛。

紧接着，蒙古土蛮部又开始威胁明朝边境。当时蒙古各部中，除了鞑靼，就数土蛮部实力最强。隆庆元年（1567），土蛮部趁着戚继光刚到北京的机会，举兵大举侵扰蓟镇，劫掠了昌黎、抚宁、乐亭、卢龙等地，给蓟镇人民带来了巨大的损失。

万历六年（1578）七月，土蛮部爆发内乱，土蛮部首领滚兔先后击败了部族内孙不赖、那莫卜等人，随后结合部众对残敌进行追击。滚兔率领骑兵万余人到达了一个叫五兔牛的小地方，这里距离马兰、黄崖只有百余里，已经临近明朝边防线。滚兔的动向早就已经被明军侦察到，戚继光立即率军赶赴马兰，然后出宽佃谷（今属天津市蓟州区），副将白福率军出松棚（今属河北省遵化市），董一元率军出墙子岭，参将张阶率军出将军石（今属北京市平谷区金海湖镇将军关村），李如樲率军出曹家寨（今北京市密云区新城子镇曹家路村）。滚兔看到明军戒备森严，无可乘之机，于是率军返回。

但是，土蛮部的野心并未就此收回，相反，他们又开始酝酿新的行动。

第七章　北疆和平

第四节　荡平辽东

既然蓟镇难以攻打，蒙古土蛮部就把进攻的矛头指向了另一个地方——辽东。

万历帝继位之后，土蛮部就开始觊觎辽东之地，组织了多次大规模进攻。万历三年（1575），土蛮部攻打长勇堡（今属辽宁省沈阳市）；万历六年（1578），土蛮部又派兵进犯东昌堡（今属辽宁省海城市）；万历七年（1579），土蛮部进攻更加频繁，先后攻打锦州、义州、广宁等地。这还只是大规模进攻，小规模的骚扰更加频繁，辽东地区几乎无岁不战，辽东总兵李成梁为此苦不堪言。

李成梁，出生于嘉靖五年（1526），字汝契，号引城，是辽东铁岭人（今辽宁省铁岭市）。李成梁比戚继光年长两岁，他们俩都出身于世代从军的家庭，李成梁的家族世袭铁岭卫指挥佥事的职位。然而，由于家庭经济条件的限制，李成梁一直未能继承这一官职，直到他40岁那年，仍然没有获得任何官职。李成梁得以进京，还要感谢一位巡按御史的欣赏，这位御史帮助他承袭了铁岭卫指挥佥事的职位。

在踏上战场之后，李成梁的才能终于得到了充分的发挥。隆庆元年（1567），永平遭遇了蒙古土蛮部的侵袭，李成梁因及时率军支援而立下战功，被提拔为副总兵。到了隆庆四年（1570）九月，鞑靼辛爱部入侵明朝，辽东总兵王治道不幸中埋伏身亡，李成梁接替其职务，代理总兵官。李成梁整顿军队，加强防御工事，精心挑选军官，辽东的防御状况得到了明显提升。隆庆五年（1571），李成梁在卓山大破土蛮部。隆

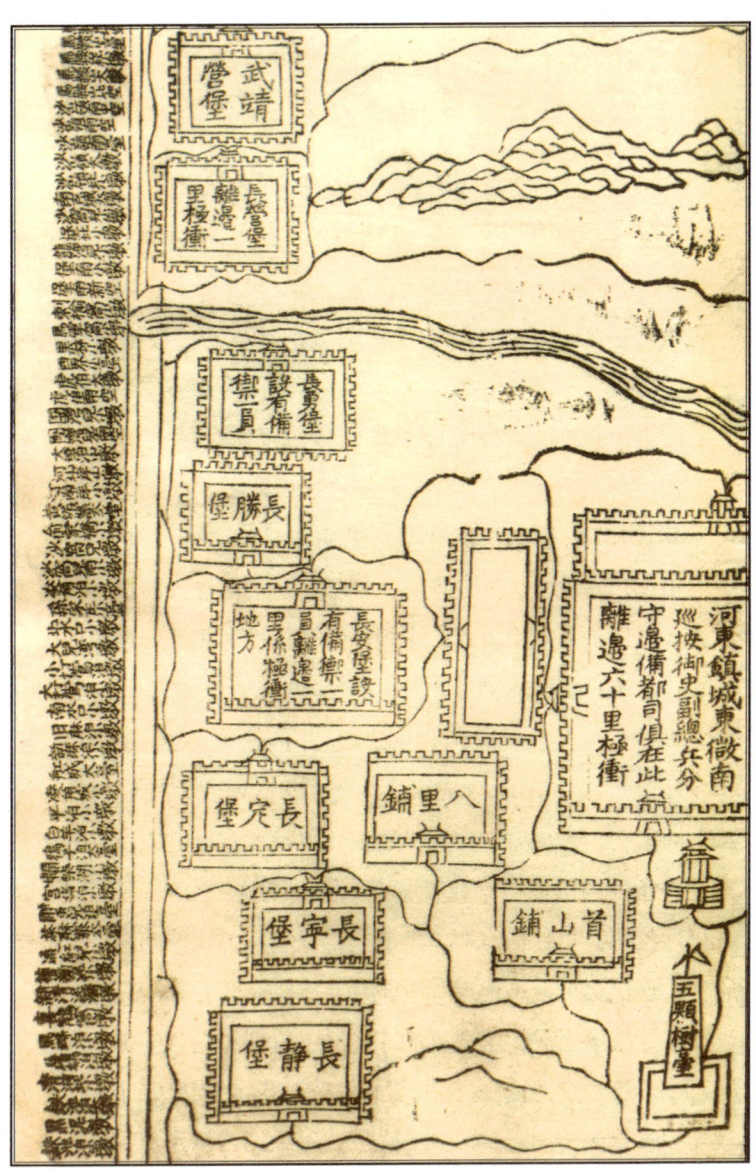

长勇堡
选自《九边图说》〔明〕佚名

第七章 北疆和平

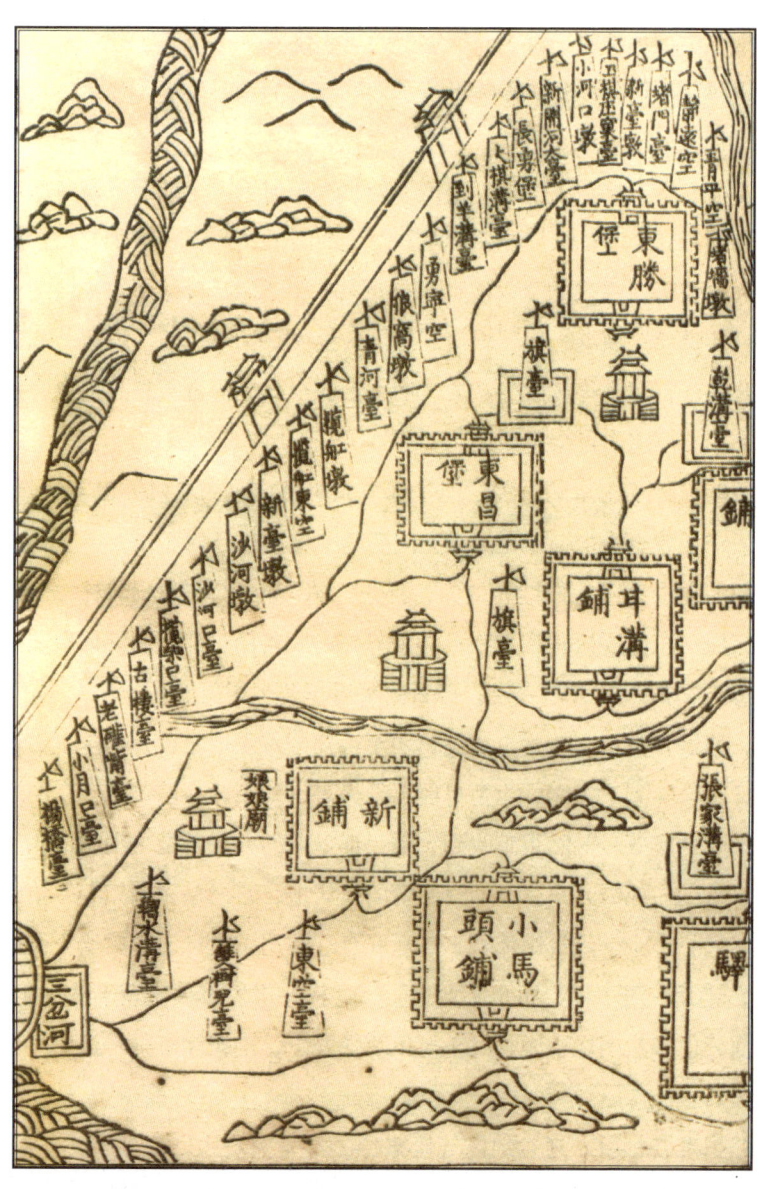

东昌堡
选自《九边图说》〔明〕佚名

庆六年（1572）十月，他又一次成功击退了土蛮部的侵袭。到了万历二年（1574），李成梁带领部队击败了建州女真首领王杲，凭借此功绩，他被提升为辽东总兵。

万历七年（1579）十月，土蛮部进犯辽东前屯（今辽宁省葫芦岛市绥中县前卫镇）。此次土蛮部声势浩大，聚集了5万骑兵。面对土蛮此次强大的攻势，强悍的李成梁也几乎要顶不住了，于是他不得不向朝廷求援。朝廷急令戚继光率军增援辽东。戚继光急忙率军前往增援，双方在狗儿河、石河墩连续发生激战，明军大获全胜，土蛮军狼狈逃离，戚继光率军出塞追击百余里而还。

虽然击败了土蛮的入侵，但是戚继光明白辽东的危机并没有解除，土蛮一定会卷土重来，于是戚继光向朝廷上呈了自己的援辽三策。

一是主动出击。戚继光认为，首先，蓟镇救援辽东并非长久之计。土蛮入侵辽东，规模很难判断，如果只是小股入侵，那么蓟镇派兵支援没有意义；如果是大举入侵，那么蓟镇援军若少了就有可能全军覆没。其次，蓟镇距离辽东较远，当蓟镇明军得知蒙古入侵之后，再千里迢迢救援辽东，等到了辽东，土蛮可能已经撤走了。因此，蓟镇对辽东的增援很难收到实效。既然很难收到实效，那最好的办法就是主动出击，给土蛮以重创。戚继光主张先侦察土蛮的聚居地，自己率领蓟镇5万精锐先到宁远、广宁一带集结休整，然后联合辽东明军大举出击，给土蛮以重创，让其一蹶不振，再也不敢进犯。这样一来，不仅土蛮不敢进犯，其他部族也必然闻风丧胆，辽东可以获得安宁，蓟镇和京师也可以实现长治久安。

二是准备粮草。辽东地区气候寒冷，农业不发达，粮食产量有限，仅够本地军队食用。如果蓟镇数万大军到达，必然会出现粮草困难。而此时，蓟镇在戚继光的经营之下，经济有了长足的发展，于是，戚继光建议，将蓟镇每年剩余的粮食运往辽东储存。等之后蓟镇明军增援辽东时，戚继光预计自己可以携带部分粮草，加上辽东储存的蓟镇余粮，应该足够使用。即使出现粮食短缺，缺口也不会很大，届时朝廷或者辽东适当提供一些支援就足够了。

三是守备蓟镇。土蛮部的位置在蓟镇和辽东之间，向东可以进攻辽东，向南可以进攻蓟镇，之所以土蛮现在不进攻蓟镇，主要是因为蓟镇防线稳固，无可乘之机。但是如果蓟镇明军主力全部去支援辽东，那么蓟镇防务必然空虚，到时候土蛮有可能会趁机进攻蓟镇。因此，蓟镇明军在增援辽东的同时，必须稳固好蓟镇的防御。对于如何稳固蓟镇的防御，戚继光建议，抽调其他地方兵马。真定、保定共有2.5万人，其中可以抽调1.5万人增援蓟镇。另外，还可以从宣府抽调1万人，从大同抽调5000人。这样一来，当蓟镇明军主力增援辽东的时候，便可以有外地3万明军前往蓟镇增强防务，基本能够保证蓟镇的安全。

但戚继光的援辽三策因为国力的限制并未实行。万历八年（1580）十月，土蛮集结10万大军进攻锦州、义县一带。戚继光闻讯立即率军增援，再度击退蒙古人，土蛮部由此受到重创。此后，东部蒙古朵颜、炒蛮、土蛮三部基本不再对明朝边境进行大规模袭扰，蓟镇的安全得到了进一步保证。

战斗结束后，戚继光率军回到了蓟镇。此时正好是除夕，看着万家灯火，听着爆竹声声，戚继光感慨万千，写下了《庚辰除夕》：

南北征途莫问年，但教意气每翩翩。
人情到老方知味，世态无端尚有天。
蕉梦甫残仍泽国，梁炊未熟已桑田。
边书不至昏钟起，独抱丹忱付篆烟。

终于空闲下来的戚继光开始专心撰写自己的文集，他给这本文集起名《止止堂集》。止止堂是戚继光在蓟镇镇府中的3间书房。在书房，他大部分时间是在批阅公函文牍、看书写作。止止堂的西侧为休息室，东侧为书房。堂名出自《庄子·人间世》中"虚室生白，吉祥止止"的典故。"止止"出自《周易》，"刚健而不妄行，可止则止"，这表明他谦虚自律，希望在宁静中获得吉祥。戚继光自幼刻苦自励，博览群书，此后他戎马倥偬，依然手不释卷，留下了大量的诗文，这些诗文大多被收录在《止止堂集》中。

万历十年（1582）九月，《止止堂集》编成，包括《横槊稿》和《愚愚稿》两部分，共5卷，其中《横槊稿》3卷、《愚愚稿》2卷。《止止堂集》中收录了戚继光的诗200余首，还有誓戒、祭告、纪行、赠答等文章，至今仍是学者研究戚继光的重要的参考资料之一。

这年十月，中央要求各地军镇报告本地军备情况，戚继光将蓟镇的兵马、装备、粮饷等数字都进行了详细的汇报。

一是兵马。蓟镇兵马有3营：前锋营，士兵13594人，其中战斗部队10000人；骡马19094匹，其中战马8500匹。中大营，士兵41792人，其中战斗部队33000人；骡马20292匹，其中战马11500匹，另有牛1500头。后大营，士兵34094人，其中战斗部队28000人；骡马15094匹，其中战马7500匹，另有牛500头。

二是战车。战车主要在中、后两大营。中大营主要是轻型战车，共有4个营，每营有轻型战车256辆，共计1024辆，此外有运粮小车1000辆。后大营主要是重型战车，共有4个营，每营有重型战车144辆，共计432辆，此外有运粮小车500辆。

三是粮草。前、中、后三大营共有士兵89480人，每月需粮食约48000石；骡子、马、牛共计56480头，每月需粮草约33000石。

第七章 北疆和平

这1500辆战车，9万士兵，5万余骡马，是戚继光在蓟镇十几年的心血。从隆庆元年（1567）来到北方蓟镇，直到万历十一年（1583）调往南方，戚继光在北境镇守了16个春秋。正如他《马上作》所描述的："南北驱驰报主情，江花边月笑平生。一年三百六十日，多是横戈马上行。"在过去的16年时间里，他训练战士，严格执行军纪，整顿军备，带领明军构筑了宏伟壮观、气势磅礴的万里长城，有效地阻挡了蒙古骑兵对北方边疆的不断侵扰，维护了国家的安宁。

戚继光因其显著的功绩，被朝廷授予特进光禄大夫少保兼太子太保的职位，并提升为左都督，最终正式担任大都督。史载"继光在镇十六年，边备修饬，蓟门宴然"。戚继光创立了练兵和守边策略，后来者纷纷遵循其方法，数十年间边境得以安宁。当时的人们称赞戚继光"足称振古之名将，无愧万里之长城"。

《送粮图》
收藏于美国大都会艺术博物馆

此画传为北宋燕文贵所画,但其风格更偏向明代画风。画作内容描绘了古人送粮的情景。

第七章 北疆和平

第八章

将星陨落

第一节　黯然落幕

万历十年（1582）六月，明朝政治家、改革家、内阁首辅张居正去世。张居正对国防极为重视，任用戚继光等名将镇守北部边境，对戚继光的才能表示了高度的赞赏。张居正死后，戚继光自然成为众矢之的。有人向万历帝上奏说，拥兵数万、镇守蓟镇长达16年的总兵戚继光，是朝廷的心腹大患。

万历十一年（1583）二月，朝廷下令戚继光调任广东总兵。得知戚继光要调往南方，蓟州百姓百般不舍，他们扶老携幼前来为戚继光送行。当时的场景让人十分动容，蓟州的老百姓自发罢市，围聚在蓟州道路两侧。即便是身经百战的武将也大受震撼，戚继光的属下陈第见此有感而发，写下了一首诗：

> 辕门遗爱满幽燕，不见胡尘十六年。
> 谁把旌麾移岭表？黄童白叟哭天边。

四月，戚继光回到了阔别20多年的家乡——蓬莱。离家之时，风华正茂的戚继光，不过才20多岁的年纪，现在已经垂垂老矣，两鬓斑白，转眼过了知天命的年纪。戚继光泛舟蓬莱阁下，望着眼前的景色，他感慨万千，遂写道：

> 三十年来续旧游，山川无语自悠悠。
> 沧波浩荡浮轻舸，紫石崚嶒出画楼。
> 日月不知双鬓改，乾坤尚许此身留。
> 从今复起乡关梦，一片云飞天际头。

在老家住了3个月，戚继光不得不重新踏上南下的旅途。八月，戚继光到达杭州，在这里他又一次见到了好友汪道昆。汪道昆早已赋闲在家，安享晚年。两人心境不同，在与老友的相聚中，戚继光诉说了自己心中的不快和苦楚。离开杭州后，南下经过梅岭时，戚继光又写下了《度梅岭》三首：

其一：

> 溪流百折绕青山，短发秋风夕照间。
> 身入玉门犹是梦，复从天末出梅关。

其二：

> 北去南来已白头，逢人莫话旧时愁。
> 空余庾岭关前月，犹照渔阳塞外秋。

其三：

> 仰看夹壁起层云，一线青天五岭分。
> 共讶皇恩遍海峤，岭头十月气氤氲。

万历十一年（1583）年底，戚继光抵达广东。刚到这里，心系百姓的戚继光便整饬军队，主动请缨剿灭山贼。万历十二年（1584）四月，戚继光巡视了广东沿海的惠州、肇州、潮州、庆州等地的军备情况，正当他计划整顿沿海防务之时，旧疾发作，只得在当地小金山休养身体。

万历十二年（1584）九月，戚继光重新整理完成了一部兵书，命名为《纪效新书》，随后他将这本书刊印并分发给各位将领，让他们作为练兵的教材。本以为可以继续著书立说，但张居正案的余波似乎尚未散去。万历十二年（1584）十一月，万历帝下令，罢免戚继光广东总兵的职务，让戚继光回乡。在回故乡山东蓬莱的路上，戚继光再次经过梅岭，他又写下了一首《入梅岭》：

五岭山头月半弯，照人今古去来还。
青袍芒履途中味，白简朱缨天上班。
烟水情多鸥意惬，长林风静鸟声闲。
依稀已觉黄粱熟，却把梅关当玉关。

《蓬莱秋色图》〔清〕法若真 收藏于上海博物馆

第八章 将星陨落

万历十三年（1585）秋，经过几个月的走走停停，戚继光终于回到了故乡——山东蓬莱。

戚继光回到蓬莱后，他的亲朋好友纷纷赶来迎接。戚继光十分豁达地对他的孩子们说："我自从成年以来，久经战阵，前后百余战，这才有了尺寸之功，现在腰缠玉带，荣升太子太保，也算得上是尊贵至极了！自古以来，功臣最难保的就是晚节，我现在虽然被罢官，但是好歹没有被下狱治罪，也算是功成身退，保住了晚节，这已经是很好的结局了。所以你们千万不要因为我被罢官而有怨言，你们以后也一定要淡泊名利，不要抱怨。"

戚继光来到蓬莱阁之后，看到这里年久失修，已经非常破败，便又资助修缮了蓬莱阁，其遗迹至今尚存。在修缮期间，戚继光在《结夏山中寄都塞上诸知己》一诗中写道：

六月园林意自凉，纷纷开落住时芳。
莫招仙子层霄远，且傍佳人舞袖狂。
鸥鹭沙头原有侣，鹓鸾天上自成行。
宰官若问山中况，日日清风薜荔床。

万历十五年（1587）七月，戚继光家族祖庙竣工。祖庙落成之时，戚继光写了一篇很长的祝文。在这篇祝文中，戚继光先是讲述了自己各代祖宗的功业，然后叙述了自己转战南北的经过。他从自己任职山东开始讲起，而后南下抗倭，编练戚家军，屡战屡胜，最终平定倭患，接着北上蓟镇，整饬边防，让蒙古不敢犯边，只能俯首称臣。这些年，他经历大小百余战，歼敌数万人，但是一直严于律己，不敢贪冒功劳，不敢心怀异端，就是怕辱没了祖宗的名声。

万历十五年十二月十九日（1588年1月16日），戚继光突感不适，次日"鸡三号,将星陨矣"。戚继光这位杰出的将领，就这样告别了人世。在万历朝末期，朝廷追赠戚继光谥号"武庄"，到了天启年间，谥号更改为"武毅"。

在戚继光去世之后，戚家军的将士们继承了戚继光的遗志，依然在为大明江山的安宁而奋斗。

万历二十年（1592）四月，日本统治者丰臣秀吉麾下的10多万日

《蓬瀛仙馆图》
〔南宋〕佚名　收藏于北京故宫博物院

第八章　将星陨落

军登陆朝鲜半岛，这标志着日本对朝鲜的侵略战争正式拉开了序幕。当时的朝鲜王朝已经享受了长时间的和平，政治腐败，党派之间的斗争激烈，军备松弛不堪。与此同时，刚刚完成统一的日本自诩为崇尚武力的"弓箭之国"，其军队由经历过无数次战斗的精锐士兵组成，拥有非常强大的战斗力。面对这样的对手，朝鲜的军队显然无法匹敌。日军迅速推进，五月二日便攻占了朝鲜王京汉城，紧接着在六月十五日又攻克了平壤。在不到3个月的时间里，日军已经占领了朝鲜的大部分领土，其军事力量直逼鸭绿江，形势对朝鲜极为不利。

危机之下，朝鲜向明朝发出了援助请求。万历帝深思熟虑之后，决定答应朝鲜的请求，伸出援手。正是在平壤城被攻陷的同一天，明朝的军队开始跨越鸭绿江。到了七月，辽东副总兵祖承训带领他的部队，在平壤与日军发生了激烈的遭遇战。不幸的是，明军在这场战斗中遭遇了日军的伏击，超过千人伤亡。明军的首次战役以失败告终，这一消息让万历帝感到极大的震惊。为了扭转战局，他任命李成梁的儿子李如松总理蓟、辽、保定、山东军务，并且担任防海御倭总兵官，统领4万大军再次奔赴朝鲜战场。这支庞大的军队中就包括了由戚家军将领吴惟忠所率领的3000名来自浙江的精锐士兵。

最终，万历二十一年（1593）七月，经过半年的战斗，明军收复了朝鲜大部分领土，明朝和日本开始议和，明军也开始撤军回国，留下1.6万人防守朝鲜南部地区，其中就包括吴惟忠所率领的2600名浙江士兵。一个月后，吴惟忠奉命率军胜利回国。

天启元年（1621）三月，努尔哈赤率部向沈阳进军。明廷立即派遣兵力增援沈阳，援军包括石柱土司兵3000人、酉阳土司兵4000人、浙兵3000人，以及其他川军，加起来约1.8万人，以川将副总兵陈策为援辽总兵，童仲揆为副总兵。在这支队伍中，统帅浙兵的人名叫戚金，正是戚继光二弟戚继明的儿子。

　　三月十日，努尔哈赤率领八旗兵大举进攻沈阳，附近的各路明军立刻向沈阳进发。7000名土司兵率先渡过浑河，随后川军部队也迅速跟进，在浑河的北岸布阵，准备与八旗兵交战。而戚金则带领3000名浙江士兵，在浑河的南岸担任支援力量。后来，为保卫大明疆土，戚金在浑河之战中力战而死，3000浙兵全部阵亡。戚家军自此才完全退出了历史舞台。

第二节　万古流芳

戚继光虽然已经去世 400 多年了，但是他的功绩却流芳千古，至今仍被人们用各种方式纪念和感怀。

在我国东南沿海，有许多纪念戚继光的祠堂。

位于山东省蓬莱市政府前街中段东侧的表功祠，建于崇祯八年（1635），此时距离戚继光逝世已经 40 多年。官府建造这座祠堂，旨在纪念戚继光的卓越贡献，因此赐名"表功"，这座祠堂也由此得名"表功祠"。这象征着戚继光在南方平定倭寇、在北方守护蓟镇的辉煌功绩，终于获得了朝廷的正式承认。表功祠的前廊明柱上，刻有冯玉祥将军于 1934 年到蓬莱时所作的对联："先哲捍宗邦，民族光荣垂万世；后生驱劲敌，愚忱惨淡继前贤。"而正祠的匾额则题为"戚武毅公祠"，两侧明柱上还刻有著名作家郁达夫所撰的对联："拨云手指天心月，拔剑光寒倭寇胆。"

下梅林庙，坐落在风景秀丽的浙江省慈溪市龙山镇邱王村的东侧。庙中有一座内庙，名为"少保胡公庙"。少保指的是明代著名抗倭将领戚继光，而胡公则是指同样在历史上留下浓墨重彩一笔的胡宗宪。庙宇的东首堂屋被称作"少保殿"，这里供奉着戚继光的神像，以及他生前非常钟爱的坐骑——一匹两蹄腾空、英姿飒爽的红鬃烈马。

位于浙江省温岭市新河镇披云山北侧的戚公祠，也是为了缅怀戚继光而建。嘉靖三十五年（1556），戚家军在戚继光的带领下前往台州抵御倭寇，取得了九战九胜的辉煌战绩，对倭寇造成了重大打击。特别是在新河地区，戚家军多次出战，保障了当地居民的生命财产安全。为了表达对戚继光的敬仰之情，新河百姓在披云山下他曾经战斗过的地方，修建了这座戚公祠。

漳湾戚公祠，位于福建省宁德市蕉城区漳湾镇。嘉靖四十一年（1562）八月，戚继光率军援闽，攻破倭寇经营数年之久的横屿岛，这是戚家军进入福建后的第一场大胜仗。而漳湾正是当时戚家军进攻横屿岛的出发地。于是，当地民众在战后于此地为戚继光建祠供奉，以纪念戚继光的战功。

位于福建省莆田市荔城区黄石镇的林墩戚公祠，建于嘉靖四十一年（1562）。当时，戚继光带领戚家军主力连续攻克了60余座倭寇营地，摧毁了倭寇的主要巢穴，赢得了林墩抗倭的辉煌胜利。同年，当地绅士林龙江捐献了30亩土地，在林墩建立了这座纪念戚继光的祠堂。

各地祭祀戚继光的祠堂很多，以上所列的祠堂只是一小部分，但是依然可以看出在戚继光战斗过的浙江、福建等地，当地人民都为他建立了祠堂，以表达感激之情，他的威名永远不会被人遗忘。

在我国的东南沿海，还流传下了很多与戚继光有关的美食。其中，最著名的自然要数光饼了。

光饼，这一具有悠久历史的中国传统特色小吃，源自福建省。它是由面粉和少量食盐经过烘烤制作而成的圆形饼状食品，其直径大约为6厘米。这种饼的特别之处在于它的中心有一个小孔，这个设计使得人们可以轻松地将多个光饼用绳子串连起来，便于携带和保存。光饼香脆可口，深受当地人民的喜爱。在福建省的福州、宁德等地区，光饼不仅仅是一种美食，它还承载着深厚的文化意义。特别是在祭拜祖先和清明节扫墓的传统活动中，光饼作为贡品出现，成为人们表达对先人怀念之情的重要载体。这种习俗随着时间的流逝，已经演变成了一种鲜明的地域民俗文化象征。

关于光饼的起源，据说就和戚继光有关。在嘉靖四十一年（1562），戚继光带领他的军队进入福建，执行追击和歼灭倭寇的任务。在那段日子里，连绵不断的阴雨天气使得军队无法生火做饭，为了确保士兵们能够吃到食物，戚继光便下令制作一种非常简易的小饼。这些小饼被制作出来后，用麻绳穿起来，士兵们可以将它们挂在身上，作为随时可以食用的干粮。这种小饼不仅解决了军队的燃眉之急，而且此后在民间流传开来，受到了广大民众的喜爱。不仅如此，这种小饼还逐渐成为民间祭祀神灵和祖先时不可或缺的供品之一。由于人们对戚继光的敬仰和怀念，这种小饼被后人亲切地称为"继光饼"，而为了简便，人们也常常称之为"光饼"。

光饼的起源还有一种说法，其与闽东南地区的民众息息相关。戚继光率领的军队在追击倭寇的过程中，常常面临无法及时生火做饭的困境，这无疑给行军带来了极大的不便和困扰。在一次行军途中，当戚继光的部队抵达慈溪龙山东门外时，一位老农向戚家军献上了大量的饼食。这些饼食的特色在于它们的中心有一个小孔，饼的表面还撒上了香喷喷的芝麻。老农向戚继光解释说，这种饼因为表面光滑，可以方便地用绳子串起来，挂在身上，当士兵们感到饥饿时，便可以随时取下一块来食用，以此来缓解饥饿感。很快，当地的老百姓们纷纷效仿，开始为戚家军制作这种便于携带的光饼。随着时间的推移，光饼不仅成为了戚家军的军粮，也逐渐在民间广为流传，成为当地的一种传统美食。

锅边，也被称作鼎边糊、锅边糊、鼎边垂，是一种具有独特风味的福建传统小吃。这种美食的制作过程相对简单，首先需要将事先磨好的米浆迅速地倒入已经烧热的大锅边缘，待米浆在锅边凝固成雪白的浆片后，再用铲子将这些浆片铲入沸腾的汤中。接着，加入各种美味的佐料，如芹菜、葱花、虾米、熟鱼干、小肠、花蛤、香菇等，经过一段时间的熬制，一道美味的锅边就完成了。

嘉靖年间，倭寇频繁地侵扰福州沿海的城镇，给当地居民带来了极大的损害。为了抵御倭寇，戚继光率领军队进入福建，对倭寇进行了坚决的军事打击。戚家军的英勇行为赢得了当地百姓的广泛拥戴和喜爱。当地民众经常准备丰盛的食物来犒劳戚家军的将士们。相传，某次，戚家军在击败倭寇后途经下渡，当地百姓想要备好酒食，来表达他们的感激之情。然而就在这时，又有倭寇突然来袭，戚继光立刻召集将士们准备迎战。由于慰劳的酒菜尚未准备就绪，而戚家军又急需出发，当地百姓坚持要让将士们吃饱后再去杀敌。于是，他们迅速将大米磨成浆，并将手头上的各种食材混合煮成高汤，同时将米浆涮在锅边，迅速制作出了锅边。戚家军的将士们在饱餐一顿之后，士气大振，他们奋勇作战，最终将所有来犯的倭寇全部歼灭。

糟羹，是一道源自浙江省台州市的美味传统小吃。它的主要原料为米粉、薯粉或者藕粉，这些粉类食材经过精心调配，与肉丝、冬笋丝、香菇、木耳、鲜蛏等丰富配料一同熬制，最终呈现出独特的风味。糟羹有两种口味，一种是咸味，另一种是甜味。

在台州地区，有一个特别的习俗，那就是在正月十四这一天，家家户户都会制作并享用糟羹。据说，这一习俗与戚继光有关，他曾经在台州一带英勇抗倭，保卫家园。传说当年戚继光带领将士在前线抗敌，时值正月十四，天寒地冻，后方的百姓想让前方士兵及时吃上热乎乎的饭食。可是百姓也很穷，没有那么多的白米饭，于是，他们就把米磨成米糊，然后把能找到的青菜、萝卜、笋等各种菜放进去一块儿煮，这样煮出来的粥既管饱又御寒，这就成了后来的"糟羹"。之后为了纪念戚家军,台州民众就保留了正月十四吃糟羹的习俗。

此外,民间流传着多种多样的纪念戚继光的艺术形式,包括文学、戏剧、舞蹈、美术和武术等。它们朴实、真挚,代代相传,深刻展现了人民对戚继光的深切怀念。民间对戚继光的纪念形式丰富多彩、数量众多、范围广泛、影响深远。这些纪念形式已经深深植根于百姓的日常生活之中,即便经过数百年的岁月,仍然得以保存。

戚继光留下的丰富的军事著作和深厚的军事思想,也对后人产生了重大影响。作为一名文武兼备的将领,戚继光非常重视将自己的实战经验进行理论提升,并据此写下了多部军事著作。这些作品流传至今,给后世带来了深远的影响和裨益。

一是《纪效新书》(18卷本)。《纪效新书》(18卷本)是戚继光在抗倭战斗中写出的一本军事著作,现存正文18卷。卷首1卷,包括"任临观请创立兵营公移""新任台金严请任事公移""纪效或问"3篇。正文分别是束伍、操令、阵令、谕兵、法禁、比较、行营、操练、出征、长兵、牌筅、短兵、射法、拳经、诸器、旌旗、守哨、水兵,共18篇18卷。

关于创作《纪效新书》的目的,戚继光在自序中说:"数年间,予承乏浙东,乃知孙武之法,纲领精微莫加矣。第于下手详细节目,则无一及焉。犹禅家所谓上乘之教也,下学者何由以措?于是乃集所练士卒条目,自选畎亩民丁以至号令、战法、行营、武艺、守哨、水战,间择其实用有效者,分别教练,先后次第之,各为一卷,以海诸三军俾习焉。"戚继光在序中说得很明确,创作《纪效新书》,实际上就是把它作为一本练兵的教科书。

二是《练兵实纪》。戚继光在北方蓟镇练兵期间的成果,即《练兵实纪》,是其在隆庆元年(1667)返京"协理戎政"后,对练兵事宜深

練兵實紀 公移

欽差總理練兵事務兼鎮守薊州永平山海等處地方總兵官中軍都督府右都督戚　為教練稍有成効通集節次條約以便責成事蒙

欽差總督薊遼保定等處軍務兼理糧餉兵部右侍郎兼都察院右僉都御史劉

《练兵实纪》（节选）
〔明〕戚继光

思熟虑的结晶。他将训练士兵时制定的规则和条款整理成册，形成了这部著名的兵书。

《练兵实纪》由9卷正集和6卷杂集组成。9卷正集涵盖练伍法、练胆气、练耳目、练手足、练营阵（场操）、练营阵（行营）、练营阵（野营）、练营阵（战约）、练将。随后的6卷杂集包括储练通论（上下篇）、将官到任宝鉴、登坛口授、军器解、车步骑营阵解。书籍开头还包含15条"凡例"，即"分给教习次第"，详述了士兵和将领应学习的项目、标准，以及教材的分发流程和促进学习的策略等。

三是《纪效新书》(14卷本)。这本新的《纪效新书》成书于万历十二年（1584）。当时戚继光在广东总兵任上，他将18卷本的《纪效新书》和《练兵实纪》等军事著作重新进行了整理，编写成了14卷本的《纪效新书》。各卷内容分别是束伍、耳目、手足（共3卷）、比较、营阵、行营、野营、实战、胆气、舟师、守哨、练将。

纵观戚继光的一生，他不仅是一位英勇善战、屡战克捷的著名将领，还是一位对练兵治械有独到见解的军事理论家。他戎马倥偬40余年，南征北战，为国家屡建奇功。在平定倭乱、守边御敌和练兵的过程中，他吸取并继承了历代军事思想的精髓，总结出了自己练兵、育将、作战的实践经验，撰写了《纪效新书》《练兵实纪》等著名兵书，丰富并发展了我国古代军事学理论和实践。他的建军和治军思想是中国古代军事思想宝库中的一颗璀璨明珠。

参考文献

[1] 范中义.戚继光大传[M].北京：海洋出版社，2015.
[2]〔明〕戚祚国编.戚少保年谱耆编[M].1878.
[3]〔明〕戚继光,〔清〕许乃剑.练兵实纪杂集 卷1—卷4[M].1843.
[4]〔清〕张廷玉等.明史[M].北京：中华书局，1974.
[5] 采九德.倭变事略[M].北京：中华书局，1985.
[6]〔清〕谷应泰.明史纪事本末[M].北京：中华书局，1977.
[7]〔清〕张廷玉等.钦定续文献通考 卷160—卷175[M].1901.
[8]〔明〕郑若曾，邵芳图，胡宗宪.筹海图编 卷9[M].1624.
[9]〔清〕夏燮.明通鉴 卷63[M].1900.
[10]〔明〕明实录 明神宗实录 卷14[M].1601.